超孤独死社会

特殊清掃の現場をたどる

菅野久美子

毎日文庫

はじめに　人も遺品も〝ゴミ〟として処理される社会

日本社会が途方もない底なし沼に、じわじわと引き込まれつつあるのを感じる。一度足を取られると、誰もそこから抜け出せない。特殊清掃の現場で、私はそんな感覚を幾度となく抱いた。

特殊清掃、略して〝特掃〟――。遺体発見が遅れたせいで腐敗が進んでダメージを受けた部屋や、殺人事件や死亡事故、あるいは自殺などが発生した凄惨な現場の原状回復を手がける業務全般のことをいう。そして、この特殊清掃のほとんどを占めるのは孤独死だ。

私が、特殊清掃に興味を持ったのは、一言で説明すれば、亡くなった人の抱えていた生きづらさが、他人事のように思えなかったからだ。

孤独死の現場は、遺族ですら立ち会えないほど過酷である。大量の蝿が飛び交い、蛆虫《うじ》が這いずり回り、肉片が床にこびりついている。故人が苦しみのあまり壁や床をかきむしり、脱糞した形跡もあったりする。私は、そんな惨状を前に立ちすくみ、幾度となく気が滅入ったが、取材を続けるうちに真の問題は、グロテスクな表層ではないことを思い知った。

そこには、故人の生きづらさが刻印されていた。

孤独死には社会的孤立の問題が根深く関わっている。

私の試算によると、わが国で現在およそ1000万人が孤立状態にある。日本人の10人に1人という、とてつもなく大きな数字だ。孤独死とは、家でたった1人、誰にも看取られずに亡くなることを言う。その約8割に見られるのが、ゴミ屋敷や不摂生などのセルフネグレクトだ。こうした自己放任は、〝緩やかな自殺〟とも言われている。彼らは周囲に助けを求めることもなく、社会から静かにフェードアウトしていっている。

取材を進めるうちに、彼らは何らかの事情で孤立し、人生に行き詰まり、セルフネグレクトに陥っていたことがわかった。

ある者は恋愛関係でもがき苦しみ、そしてある者は虐待などで親子関係が絶たれ、ある者は会社でのパワーハラスメントで心が折れていた。結果として、彼らは周囲から取り残されて緩やかな自殺へとただ、ひた走るしかなかったのだ。もちろん、人間関係が良好でもたまたま発見の遅れたケースもあるが、それは非常に稀なケースだということがわかってきた。

私は壮絶な現場の臭気に圧倒されながらも、遺品の数々から生前の彼らの姿がありありと目に浮かぶようになった。

そんな強烈な体験をした後に自宅や出張先のホテルに帰ると、1人ベッドに体を横たえながら彼らの生前の人となりに思いを馳せた。そして、その日初めて存在を知った彼、彼女らの抱えた苦しみを考えると、一晩中眠ることができなかった。

それは、私も彼らとどこか似ていて、社会をうまく生きられず、生きづらさを抱えた人間の一人であるからだ。

幼少期から母親の虐待を受け、小学校高学年から激しいいじめに遭った私は、中学校のときに2年間の不登校生活に陥った。いわゆる、引きこもりである。もう完全に自分の人生は終わったと感じていた。孤立無援の状態で、何度も自殺を考え、実際に家の窓から飛び降りようとしたこともある。そういうこともあって、私が今も生きているのは、ただ運が良かったにすぎないと思っている。

もし私にできることがあるとすれば、それは遠からず私と同じように生きづらさを感じるこの社会で、人知れず亡くなってしまった彼らのありのままの姿を伝えることではないだろうか。孤独死者のほとんどが生前、周囲の住民から奇異な目で見られていたり、忌み嫌われていたりする。遺族がいてもなるべく関わりたくないというケースも多い。

そのため、彼らの遺体は警察によってひっそりと運び出され、遺品は誰の目にも触れずに、ほとんどがゴミとして処理される。そう、まるでこの世に存在すらしなかったかのように――。

ワンルームの賃貸アパートで、友達を呼んで騒ぐ学生の部屋の、わずか10センチ隔てた壁の向こうに、死体がゴロリと転がり、何カ月も発見されず、無数の蛆と蝿が群がっている。それが、現代日本が抱える問題の縮図だ。

社会と折り合いがつかず、日夜生きづらさと向き合っている私にとって、彼らの名もなき死が他人事だとは決して思えない。彼らは明日の私であり、私はきっと彼らの仲間である。

私は、彼らが亡くなった孤独死の現場をたどるだけでなく、遺族や大家などその周囲の関係者に話を聞くことで、彼らの歩んできた軌跡をたどりたいと思った。

それは、彼らの人生の苦悩に触れると同時に、私自身の過去のトラウマを振り返る作業でもあった。

そんなとき、私は同じ現場を共にする特殊清掃人たちに励まされた。遺族さえ立ち入ることのできない凄まじい腐臭の漂う部屋で、最後の〝後始末〟をする特殊清掃人の温かさを知ることができたのは、私にとって何ものにも代えがたい救いであった。

特殊清掃用の衣類を脱ぎ、防毒マスクを外すと、当然ながら彼らもまた、私たちの社会を生きる一人の生身の人間である。彼らと接するうちに、彼らに血の通った人としての優しさを感じ、思いのほか安堵している自分に気がついた。そして、故人の死を巡って、その最後に立ち会う特殊清掃人たちの物語も描きたいと思うようになった。


近年、孤独死はもはや特殊な出来事ではなくなってきている。

年間約3万人と言われる孤独死だが、現実はその数倍は起こっていると言う業者もいるほどだ。

特殊清掃の現場から見えてくるのは、やがては訪れる日本の未来である。

特殊清掃人の多くが口を揃えて、「人と人のつながりが希薄になった」と危機感を露わにする。そしてこうも言う。「こうなる前に、どうにかならなかったのだろうか」と。

変な話に聞こえるかもしれないが、本書の取材に協力してくれた特殊清掃人たちは、内心では自分たちのような仕事のない社会が望ましいと感じている。

私もそう思う。

本書のテーマは、特殊清掃のリアルにとことんまで迫ることだ。それは、特殊清掃人たちの生き様や苦悩にもクローズアップしながら、私にとっての生と死、そして現代日本が抱える孤立の問題に向き合うことでもある。

今後、孤独死は、日本全体を巻き込む大問題となる。特殊清掃の世界は、そんな日本の恐るべき未来を映し出す万華鏡である。特殊清掃人たちは、さながら毎日タイムマシーンに乗ってディストピアを目の当たりにしているのだ。崖っぷちで清掃を続ける彼らは、日本という社会の瀬戸際にいる。

死は、誰もが逃れられない現実である。

いつ、どこで、どのように死ぬのかはわからない。

けれども、死を迎えるに当たってあらかじめ準備することはできる。死別や別居、離婚などで、私たちはいずれ、おひとり様になる。そんなときに、どんな生き様なら死に様を迎えるのか。1000万人の孤立する日本人たちも、決して自分と無関係とは言えないはずだ。

そう、特殊清掃の世界を知るということは、きっと、私や本書の読者であるあなたの未来を知るということなのだ。だから、たとえ目をそむけたくなる場面があっても最後まで希望を捨てずにお付き合いいただきたい。

本書が、あなたの救済の一助になることを願って。

超孤独死社会　特殊清掃の現場をたどる　目次

第2章　燃え尽きて、セルフネグレクト

第3章 孤独死社会をサポートする人々

第4章　家族がいてもゴミ屋敷に向かう

第5章　なんで触ったらあかんの？　僕のおばあちゃんやもん！

第1章

異常気象の夏は特殊清掃のプチバブル

尿の入った大量のペットボトル

関東近県の某市――。猛暑のニュースがうんざりするほど連日テレビのニュースを賑わす2018年8月下旬のある日――。特殊清掃人の上東丙唆祥《じょうとうひさよし》（46歳）は、肩のあたりまでうず高く積もった大量のゴミと格闘していた。

海にほど近い、閑静な住宅街である。コの字型の路地奥に、砂色の屋根瓦をいただいた大きな一軒家があった。80代の老夫婦が静かに暮らし、2階の6部屋を鍵付きの個室に改造して、アパートとして単身者に貸し出していた。

外は雲一つない快晴で、気温は35度を超えている。外に数分立っているだけで毛穴という毛穴から猛烈な汗が噴き出してくるのがわかる。消防庁によると、事実、この日は全国で700人以上が熱中症で救急搬送されていた。

上東は2階への外階段を上り、奥まった部屋の玄関を開けた。まず鼻をついたのは、あまりにも暴力的なアンモニア臭であった。私も後に続いた。室内は、異様なほどに湿り気を帯びていて薄暗く、視界が悪いせいか、どこかぼんやりとしている。

床を見ると、4リットルの特大の焼酎のペットボトルが、いたるところに無造作に転がっていた。25度というアルコール度数が書かれた、そのペットボトルの中身は、どれもが淡黄色に輝く液体でなみなみと満たされていた。青色のキャップが閉められているものがほとんどだが、なぜだか一部は、キャップが開いている。そこから思わず吐き気を催すほどの強烈な異臭が漏れ出ていた。

「夏でなければ、まだマシだったんでしょうか」

「そうだねえ、今年の夏は異様に暑いからねえ」

特殊清掃業者にとって、孤独死の最も多く発生する夏場はかき入れ時だ。中には現場から現場へ飛び回り、2カ月ほど不休でひっきりなしに働き続け、年間利益のほとんどを稼ぎ出す業者もいるぐらいだ。この特殊清掃需要の背景にあるのが、右肩上がりで増え続けている孤独死である。私が同行した2018年夏は、異常気象が続き、孤独死の現場を始末する特殊清掃の数が、例年に比べて桁違いに跳ね上がっていた。

特殊清掃業者が手がけるのは、もちろん孤独死だけではない。ゴミ屋敷、猫屋敷、火事現場、自殺現場、殺人現場、また、技術のある業者は災害復旧など、多岐にわたる。ただ、近年圧倒的に多いのが、孤独死なのである。中には、手がける案件の10件中9件が、孤独死だという業者もいる。

孤独死と特殊清掃業者は、不思議な相関関係にある。特殊清掃業者は、孤独死と比例するかのように、年々その数を増やし続けているからだ。

2018年5月14日付の毎日新聞朝刊に、それを裏打ちするデータがある。5000社以上が加入している特殊清掃の業界団体である「事件現場特殊清掃センター」によると、民間資格である「事件現場特殊清掃士」の認定制度の施行が始まった2013年から、その数は5年間で15倍に膨らんでいるという。特殊清掃が高まる需要の背景に、家族、親族関係の希薄化が浮かび上がると記事は訴える。

つまり特殊清掃は、孤独死の増加に比例しており、プチバブルとなって、新規参入業者が相次いでいるのだ。

業者が増えているのにもかかわらず、1社ごとのスケジュールは過密だ。皮肉な話ではあるが、観測が始まって以来という2018年夏の異常な暑さは、特殊清掃業にとっては、空前絶後の「孤独死特需」をもたらしたのである。

作業中もひっきりなしにかかってくる携帯電話に対応しながら、やや高揚した口調でこう耳打ちする業者もいた。

「今年の夏は、去年の何倍も孤独死の特殊清掃の依頼が多いです。会社の電話が鳴りやまないんですよ。やっぱりこの暑さのせいでしょうね」

孤独死が発生すると、近隣住民はその強烈な臭いにたじろぎ、慌てふためき、大騒ぎとなる。また、マンションの管理会社や大家はその資産価値の下落を恐れ、すぐに臭いを消してくれと、彼らに出動を依頼する。

実際、同行取材の最中にも、仕事の依頼が多すぎて、新規案件にまで手が回らず、やむなく仕事を断る彼らの姿を何度も目撃した。

特殊清掃業者たちは、ジワリジワリと日本を侵食する、孤立という病の犠牲者たちを、一人また一人と見送っている立会人のようである。増え続ける立会人は、日本が世界的な孤独死大国へと歩を進める転換点にいることを、大いに自覚している不幸な時代の証言者といえるかもしれない……。

上東は、ペットボトルの中の異様な臭いを放つ液体が、この部屋で亡くなった佐藤浩二（仮名・享年65）の尿だということにすぐ気づいた。

そう、佐藤は何十本、いや、何百本という数え切れないほどのペットボトルに、自らの尿を溜めこんでいたのだ。部屋の四方八方に無造作に投げ出されたその臭いに圧倒され、しばらくはアンモニアも目に染み、薄眼を開けることしかできなかったが、次第に臭いに慣れると、辺りの様子がわかってきた。

そうして目に入ったのは、肩のあたりまでうず高く積もったゴミの山であった。山は中央に向かって、なだらかなくの字型の傾斜を描いていて、白や透明のコンビニのレジ袋が幾重にも積み重なり、その隙間を紙パックの緑茶が埋め、白い雪山にカラフルな色合いを添えているようにも見える。

そして、そのこんもりとしたゴミの山の中からも、尿入りペットボトルがところどころニョキッと斜めに頭を出していた。

手前に4畳半の板の間があり、奥に6畳の和室、和室の脇がバスとトイレという造りだが、大量のゴミに埋もれて、畳はすっかりその姿を隠している。ゴミの最上部は、数日前の賞味期限の半額シールが貼られた総菜のプラスチックトレーや、栄養ドリンクの瓶などが支配していて、その下には得体のしれない未知の層が幾重にも重なっている。

ゴミの中間層を支配するのは、主に雑誌であった。上東が上部の層をどけると、青年マンガ誌などが中間層を築いているのがわかった。赤い縄で裸体をぐるぐる巻きにされた女性の写真集や、股を開いたままの格好でM字に縛られた巨乳少女のアダルトコミックの表紙が鮮やかな色彩を放っている。ふと目を泳がすと、全裸に拘束具を施された女性がうるんだ目でこちらを見つめている。それはひと昔前のアダルトDVDだった。

孤独死現場では男女に関係なく、こういったアダルトグッズなどが見つかることが珍しくない。故人はSMのジャンルが趣味だったのだろう。上東は特に驚いた様子もなく、慣れた手つきでそれらを袋に詰めていく。

そして、山登りの要領で慎重に中間のゴミの山に足場を確保すると、ちょうど真ん中あたりに目をやった。丸くて黒いくぼみがあるのがわかる。上東はくぼみを指して、1人しかいない社員のすーちゃんこと鈴木純治に話しかけた。

「ほら、ここだけ、黒く濡れてるでしょ。ここだな。ここで亡くなってるね。警察とレスキュー隊がかき回して消毒したみたいだから、ちょっとわかりづらいけど、このへん、湿っているところが体液だね」

それは、部屋のまさに中央だった。どす黒い液体が約2メートル四方にわたってゴミの上をヒタヒタと浸食している。周囲の雑誌やプラスチックは、墨汁のような黒い液体をたっぷりと吸い込んで変色し、そこだけひしゃげていた。

そう、佐藤はまさにこの場所で、絶命したに違いなかった。

上東は、塵取りをゴミの山にそのまま突っ込んではかき出すという作業を繰り返し、体液で湿り気を帯びた雑誌類を集め始めた。雑誌の下から突然錆びついた扇風機が姿を現した。扇風機は、何年も使用された形跡がなく、家主の体重に何年も押しつぶされていたせいか、背骨の部分が2つに折れて曲がっていた。

上東はドロドロの体液にまみれた、黒く濁ったそれらを塵取りでかき集めていく。汚れた紙や布の切れ端からは、アンモニア臭とはまた違う臭いが鼻孔をふわっと駆け抜けた。やや甘ったるい、油のような、その臭い——。それは、まさしく溶けた人間の体液の臭いだった。

この黒い体液が、2メートルほどもあるゴミのはるか下の層を優に突き抜けて、畳の底面まで達していると判明するのは、だいぶ後になってからだ。

佐藤が亡くなったと思われる場所は、山の頂のようになっている。まるで、ここだと指し示すかのように、黒い弓形のものが頂に突き刺さっているのが目についた。

目を凝らすと、それは注ぎ口付きのバケツであった。バケツのふちを囲うようにして茶色い尿石がびっしりとこびりついている。上東が取っ手を握ると、チャップンチャップンと波立って中の液体が揺れた。ほぼ8分目まで入っていたが、外にこぼれることはなかった。混濁してどろどろだったからである。凄まじいアンモニア臭だった。

そう、佐藤は、自らの寝床のすぐ隣にこのバケツを置き、その中に放尿しては、焼酎のペットボトルに移していたようなのだ。一体何日分の尿を溜めていたのだろうか。バケツの周辺を漂う凄まじいアンモニア臭に、思わず吐き気を催しそうになった。

部屋に入ってから20分ほど経《た》っていた。ふた間のアパートはアマゾンの湿地帯さながら皮膚にまとわりつくような熱気が充満し、腕の毛穴という毛穴から汗を噴き出させてくる。頭を白いタオルで覆った上東の額からも、滝のような汗が流れていた。

心が病めばキッチンが、心疾患系ならリビングが汚れる

ふと、室内を見回すと、どこにもエアコンはない。

上東によると、この部屋を借りていた佐藤はもともと糖尿病の気があり、65歳で心臓発作で亡くなった。糖尿病は心疾患を合併することが多い。上東は、溢れ出る汗を服で拭いながら、つぶやいた。

「何らかの持病があったにせよ、この人の死因は暑さが関連してるだろうね。これだけの暑さだと、ゴミも相当な熱を持つからね。サーモグラフィで見ればわかると思うけれど、この部屋は夜でもかなりの温度だったと思う。よく、火事にならなかったよね。部屋ってその人のすべてが現れるの。心疾患系に罹《かか》った人は、まずリビングから汚れてくることがほとんどだね。リビングって、いわば心臓部分ですべての部屋に繋がるでしょ。逆に精神が病みだすと、キッチンとか水回りが汚くなってくるんだ」

私は絶句して丸いくぼみを見つめた。

高温注意情報が連日流れる暑さの中、佐藤は凄まじい自らの尿臭に包まれたゴミの山の中に、エアコンもかけずに、来る日も来る日もまるで義務のように体を横たえていた。

上東は顔から滝のような汗を滴《したた》らせながらも、和室の壁際にある5、6段ほどのタンスに目をつけていた。数十年は使っていると思われる木ダンスで、下半分が例のゴミに埋もれている。

上東は、タンスに飛びつくと上段に手をかけ、次々と中のものを引っ張り出していった。実は、私はこれで初めて「佐藤さん」の名を知った。古びた革ケースに、勤め先の名刺が入っていたからだ。さらにボロボロとなったこのアパートの賃貸契約書も出てきた。もう何十年も前から更新を繰り返して住んでいたらしい。親や子供がどうなっているかはわからない。財布はなかったので、恐らく警察が遺族に渡したのだろう。

通帳には残高はほとんどなかった。これら証書は遺族に返すのだという。

孤独死の遺族が求める物は、保険証券、現金、通帳、賃貸契約書、不動産や土地の権利証など、金銭にまつわるものが圧倒的に多い。故人と遺族はとうに繋がりが切れているからだ。もし親交があれば、写真や手紙といった思い出の品が望まれることもある。しかし、孤独死した場合は稀だ。

　また、このように部屋を汚したまま放置されていた場合は、遺品のすべてに臭いが付着している。現実として、遺品のほとんどはゴミとして処分せざるを得なくなる。

　書類をしまった後、上東とすーちゃんは片づけにかかった。尿の入ったペットボトルのキャップをすべて開けると、そのままキッチンに持っていって、ドボドボドボドボとシンクに流し始める。

　周囲にもわっとした凄まじい尿臭と熱気が充満する。アンモニアだけに悪臭だけでなく、近づくと目を突き刺すようなとてつもない痛みを感じた。普通は食事を用意するために用いる流し台に、排泄物が棄《す》てられていく。

　上東がドアを開けると、何年、いや何十年も掃除した形跡はなく、どこもかしこも黒ずんだ便器が見えた。佐藤は、トイレが詰まって使えなくなると、このペットボトルに自らの尿を溜めていったに違いなかった。和室を片づけていたすーちゃんが、ゴミの山の中からまるで宝探しのように、黄金色の液体で満たされたペットボトルを次々に引っ張り出し、上東にバトンタッチする。上東は、ときおりその臭いにむせそうになりながらも、次から次へシンクに放っていく。そのボトルの数は、優に１００

本を超えていた。

上東が防護マスク越しに、すーちゃんに話しかける。

「この小便の臭い、僕の身体にもうすでについちゃってると思うよ。それにしても大をするときは、どうしてたんだろうね」

「大は、あれです。そこのコンビニエンスストアじゃないですか」

確かに、小便の入ったボトルは大量にあるものの、なぜだか不思議なことに大便はどこにも見当たらなかった。

上東らによって片づけられたゴミは、全部で500袋にもなった。2人の男たちは40度近い灼熱地獄の中、尿と体液の入り混じった悪臭にその身を置きながら、黙々と部屋のゴミを撤去していく。まさにそれは、現代日本における戦場と呼ぶにふさわしい光景だった。

34年間、懇意だった大家

ひととおりの片づけが終わった後、私は1階の大家夫妻を訪ねた。インターフォンを鳴らすと、腰の曲がった、頭の真っ白な大家夫妻が現れた。玄関口で挨拶を交わす。

夫のほうは背中も曲がっていて足元もおぼつかないが、口調はしっかりとしている。

「まさか、佐藤が熱中症で死ぬとはなぁ……。だってこの暑さなのに窓も開けないで、じっとゴミの中にいたんだよ」

藤本孝則（仮名）は、まるで昔の級友のように、店子《たなこ》を呼び捨てにした。

「佐藤は、私たちから見ていても、口下手というか、社交的じゃないんだよね。それで彼女も一度もできなくて、ずっと独身だったの。ほら、私が2階に用があって、階段を上っていこうとするじゃない。そうすると、すぐにパタンってドアを閉めちゃう。絶対にドアを開けたがらないの。中を見られたら困るという感じだったね。今思うと、ゴミ屋敷なのがバレちゃうからだったんだろうね」

そもそもなぜ彼がこの独身者向けアパートにたどりついたのだろう。藤本は、それまでの佐藤の記憶をたぐりよせて話してくれた。

佐藤は、学校を卒業後関東に移り、このアパートの近くのレストランでウェイターを務めていた。正社員だったが、何らかの事情で40歳ぐらいのとき解雇されたらしい。それからは、20年以上にわたって地元の飲食店を転々としていた。

佐藤の最後の勤め先は、近所の生鮮食品の卸売り会社だったという。当日、出勤してこないのを心配した店長が、アパートへ訪ねてきた。携帯に電話しても連絡がつかない、部屋を開けてくれと言うので、藤本は鍵を手に2階に上がった。店長と2人、部屋に踏み込んでまず驚いたのは、行く手を阻むほどのゴミの山だった。

「佐藤の部屋の中は、きっと汚いだろうし、汚れてはいるだろうとは思っていたのね。だけど、ゴミ屋敷まではいかないだろうって思ってたのさ。でもドアを開けたら、ゴミがザザーッと流れてきたの。それまでドアでゴミを押さえてたんだよね。ドアの前もすでに1メートルくらいゴミがあったから。手前の4畳半には2メートルくらい、もう鴨居に届くというくらい積もってたの。だから、奥の部屋には立っては入れなかった。ゴミのポリ袋の山の上を、匍匐前進《ほふくぜんしん》でいくような感じだよね。自分が寝るスペースなんてのは、すでにないの。寝る部分だけ、真ん中がどんぶりのお椀みたいになってる。そこでずっとくの字になって、毎日寝てたんだと思うよ」

勤務先の店長がすでに冷たくなっていたという遺体を発見、あわてて119番したという。やがて警察が来て、簡単な質問の後、彼らによる現場検証が行われた。納体袋に詰めて運び出されたので、藤本もその妻も、佐藤の遺体は見ていない。

きっかけはゴミの分別義務化？

佐藤の部屋がゴミ屋敷になったきっかけについて、藤本には思い当たることがあった。

「4、5年前までは、ゴミをちゃんと出してたんですよ。今、どこの自治体でも、分別ゴミじゃないですか。でも彼が出すゴミは、いつも全部ごちゃまぜだから、ゴミ収集車に置いていかれちゃう。それを私が開けて全部分別していたの。佐藤には、『お前が出したゴミは、持っていかれねぇから、俺が分別して出してんだから、せめて分別して出してくれ』って何度か言ったの。そのあたりからゴミを出さなくなったのかなぁ」

分別できなくなったのがすべてのきっかけだったのか。

とにかく藤本は、佐藤のゴミ問題に、長年悩まされていた。臭いに敏感な妻は、部屋の裏口に回るたびに、窓の隙間から鼻を突くような臭いが漂ってくるのを感じていた。お父さん、佐藤さんに注意してよ、と藤本はたびたび妻から訴えられていたのだ。

「妻から臭いのことを聞いてからは、たまには家を掃除しろとか、佐藤にはちょくちょく言ってたんだよ。あと、ベランダの窓の所に出っ張りがあるんだけど、佐藤はそこにゴミの袋をいつも置いておくの。風で飛ばされて、よく下に落っこちたんだよね。隣の家に飛んでいくと、苦情がくるよって、そういう話はしていた。いつも一度は、

『わかりました、すみません』って謝るんだよね。ただ、直る形跡がまったくないんだよね」

家賃6万5000円は毎月手渡しだったが、それが遅れたことは34年間で一度もなかった。そのためそれ以上強くは言えなかった。前著（『孤独死大国』双葉社）を執筆したときから、私は、孤独死する人は、人付き合いの面で困難を抱えていることが多いが、家賃の支払いなどは、きちんとしている人が多いように感じていた。それは佐藤にも当てはまる。

「ウェイターっていっても、あまり接客はうまくなかったんだろうな。佐藤はうまく人間関係を作れない感じがする。でも、特に悪く言う人もいなかったよ。佐藤が勤めていたレストランに行った人を何人か知ってるけど、仕事はまじめにしていたみたいだし」

佐藤のことを変わっているなと藤本が感じたのは、バスルームの小窓からたまたま中が見えたときのことだった。佐藤の部屋がゴミ屋敷化する数年前だ。浴槽の中に色とりどりの子供のおもちゃのプラスチックの船がいくつも浮いていたのである。変わった趣味だなぁと思ったことをよく覚えていた。

生前の佐藤がまるで少年のような趣味があったということに驚くとともに、佐藤が嬉しそうにその船を見つめ、目を細める情景がふと、眼に浮かんだ。

しかし、その浴槽も次第にゴミに埋もれていったという。

1年前のこと、佐藤は、近所の道端で倒れているのを発見された。脳に腫瘍が見つかったという。糖尿病の気があった、としか私は上東から聞いていなかった。詳しく聞いてみると、実のところ、藤本は、佐藤の死に複雑な思いを抱えていた。自分たち夫婦が死んだ後も、佐藤がこの物件に住み続けているのだとしたら、その先、どうなってしまうのだろうか。そんな不安を抱えていただけに、佐藤の死でホッと胸を撫で下ろしたというのも偽らざる心境だったのだ。

「たぶん佐藤は社交性がなかったんだよね。世間とうまく付き合えないんだよ。近所のレストランにいたときは、店員の中には若い女性もいてさ。正社員として勤めている間に所帯を持てば、人生、変わっただろうね」

三十数年間のアパート暮らしの中で、佐藤の部屋は次第にゴミに埋もれていった。藤本は、部屋の外に置かれた洗濯機用の水道で、夏も冬も体を拭いていた佐藤の姿を思い出す。あれは風呂が使えなくなっていたからだったのだ。

上東は、佐藤のようなゴミ屋敷の特殊清掃をこれまで何十件と手がけてきたが、こういったゴミ屋敷の住人は孤独死するケースが圧倒的に多いと語る。ゴミ屋敷自体は、近年社会問題となっている。2016年5月には千葉県北西部の一戸建てで、脚が壊《え》死《し》した状態の高齢女性があわやのところで救出された。

見かねた行政も対策に躍起だ。

東京都足立区では「足立区生活環境の保全に関する条例」を制定している。足立区モデルと呼ばれるもので、専門部署を設けて住人に指導や勧告を行うというものだ。さらに家主に支払い能力がない場合、100万円まで、区がゴミの撤去費用を負担する。この足立区モデルは、全国から視察団が訪れるなど注目度が高い。

このように、ゴミを溜めこんだり、必要な食事を摂らなかったり、医療を拒否するなどして、自身の健康を悪化させる行為をセルフネグレクトと呼ぶ。ニッセイ基礎研究所（東京都千代田区）によると、孤独死の8割がこのセルフネグレクト状態にあるとされている。

しかし、この足立区モデルも、近隣住民からの相談や通報があることが大前提だ。賃貸アパートなどの場合、現実はゴミ屋敷になっていても、全然気づかれないこともある。ドアを閉ざしてしまえば、中がどうなっているかは知りようがないからだ。

そのためセルフネグレクトは、高齢者だけではなく、むしろ佐藤のように、65歳以下のほうが福祉の網にかかりづらい。高齢者と違って、見守りなどのシステムがない現役世代は、そもそもの存在が見落とされがちなのだ。

尿を溜めこんだり、ゴミの山を築いたりするなど、尋常ではないと思うかもしれないが、上東によると、孤独死した男性では珍しくない。体調不良が続いて、ゴミを出しにくくなり、トイレに行くことも億劫《おっくう》になる。そうなると、身近にある入れ物に排泄することは十分にあり得る話だ。それが何十年と続いていけば、立派なセルフネグレクトだ。

セルフネグレクトは、誰しもがささいなきっかけで陥る。パートナーとの離婚や死別後に、その落ち込みや生活の変化から、閉じこもりがちになり、生活が荒れたりして、セルフネグレクトになってしまう。

パワハラなどでうつ病を患い、そのまま気がついたらゴミ屋敷になっていたというケースもある。孤独死現場のほとんどが、セルフネグレクトだと断言する業者もいる。つまり、佐藤のようなゴミ屋敷は決して珍しいケースではなく、逆に孤独死の典型例ということになるだろう。

特殊清掃人、上東の素顔

ここで、現場取材に同行させてもらった上東について紹介したい。

上東は、特殊清掃だけではなく、遺品整理や生前整理も行っている。依頼者は、生前の佐藤のようなゴミ屋敷の住人も多い。溜まりに溜まったゴミが、自分の手に負えなくなって専門業者に頼むというわけだ。そんなゴミ屋敷の住人たちと上東は、長年向き合ってきた。

ゴミ屋敷の主は佐藤のような独身者だけではない。

神奈川県のマンモス団地に70代の女性が住んでいた。子供はおらず、長年支えあって生きてきた夫は3年前に他界していた。夫亡き後、妻は孤立して途方に暮れていた。

「私なんか生きていてもしょうがないから、もういつ死んでもいいんです」

白髪の小柄な女性は上東に悲痛な表情で訴えた。夫が亡くなってから、ここ数年、誰とも話していない。数カ月前に、病院で名前を呼ばれたのが最後だと嘆いた。けれども自分が死ぬ前に、このゴミに埋もれた部屋を整理したい――。

女性は、毎日タオルを洗う時に、タオルに話しかけるのだという。「今日もきれいにしてあげるからね」と。

上東が「今まで、よく１人で頑張ってきたよね」と労《ねぎら》うと、女性はボロボロと泣き出した。溢れ出した涙が止まらなかった。ちょうど同じ頃に、テレビ取材の話があり、「老い先短いんだから、テレビにでも出てみたらいいんじゃない？」と女性に声をかけた。すると、突然化粧をするようになったという。放送の翌日、女性から整理の依頼をキャンセルしたいとの連絡が来た。

「ご近所のみんなが来てくれて、〝私たちがお片づけをやってあげる〟って言うの。みんなが協力してくれるんだって。〝なんで今まで私たちに言わなかったの？〟って。〝私たちに言ってくれれば。私たちも心配してたのよ〟って。あの時は仕事がなくなってショックだったなぁ」と上東は少し嬉しそうに苦笑いする。

マンモス団地のコミュニティ

上東もこの女性と同じく団地育ちだ。そこには、今は崩壊しつつある地域コミュニティがまだ根づいている。

上東は埼玉県東所沢の出身である。父親は元自衛隊員で、退職後はベルトコンベアのメンテナンス会社を興していた。母親は美容師で忙しく、元自衛隊員の父も厳しかったただけに、上東はおばあちゃん子だったようである。

祖母が住んでいたのは、近隣の狭山市《さやま》で、昭和の終わりまでは自然が色濃く残っていた。上東は、祖母の家に遊びに行くのが大好きだった。ジョロウグモを捕まえて、糸を全部吐き出させる。木をバサバサと伐《き》りながら、山で探検ごっこをする。上東にとって、そこは豊かな自然の学校だった。野山に分け入ると、人間社会の時間軸がなくなり、ただ、自然の時間が流れているだけだ。日が昇ったら山に繰り出し、日が落ちたら家に帰る。そんな素朴な営みをこよなく愛する少年だった。

小学校に上がるのを機に、学校に通いやすい団地に引っ越した。祖母の住む狭山からは遠くなったが、上東にとって団地生活は、毎日が刺激の連続だった。

「あの頃は、誰かが引っ越してきたというと、引っ越し屋なんていなかったから、みんなが手伝いに行くの。電気屋のトラックがガーッと来て、もちろん購入した白物家電なんかを積んでるんだけど、一緒に家具まで運んでくれるんだよね。それから3階、4階とかの階段をみんなで運んでいくのが当たり前なの。あそこに新しく引っ越してきた人がいるから、みんなで手伝うぞという時代だったの」

醤油など調味料の貸し借りは当たり前で、団地のコミュニティが成立していた。

学校で、「上東、知ってる？　あいつ団地に住んでるんだよ、貧乏人が住むところなんだよ」とささやかれたという。しかし、3食食べていて、不自由はないし、風呂も毎日入っている。だから、何が貧乏なのかわからなかった。確かに家庭は金銭面で困窮していたかもしれないが、それを苦しいと感じたことはなかった。何よりも、団地の子供たちの結束は固かったので寂しさを感じたこともなかった。同じ団地の子がいじめられているとわかると、すぐに飛んでいって全員で庇《かば》ってくれる。

「子供が親に怒られると、下の階の人に聞こえるんだよ。あんまりひどいと大人たちも様子を見に行くの。『大丈夫？』って。そうすると、次の日に、『お前なんで昨日あんなに怒られてたの？』となるの。それでお菓子あげて、『頑張れよ』って言ったりする」

友達の家に遊びに行き、勝手に冷凍庫を開けてアイスを食べるくらい、団地なら日常茶飯事だった。みんなで蛍を探して捕まえてきて、部屋を真っ暗にして観賞会をしたこともある。目の前で、次第に輝きを増す蛍に歓声を上げて、嬉しくて感激した。

団地の前には巨大な養豚場があり、そこで親の手伝いをしている子もいた。プレス機に挟まれたり、豚に噛まれたりして、手や指のない子も当たり前のようにいた。

人の死は身近な出来事だった。団地の目の前には巨大な川が流れていて、時たま子供たちが溺れて亡くなっていた。生と死は、上東にとって日常風景の一部だった。

そんな上東にとって、チャイムで支配される学校は、まるで刑務所のようだった。

「小学校の頃から、とにかく社会不適合者だったの。なんで勉強するのか意味がわからなかった。よく授業をボイコットしていたから、母ちゃんは学校に呼び出されてたね」

団地の夕涼み会や運動会の思い出を上東は今でも鮮明に思い出す。そこにはまるで当たり前のように、人と人とのつながりがあった。楽しかった子供時代を経て、上東は、30歳のときに、廃品回収業を立ち上げた。

所沢で居酒屋を経営していた内村武彦と、すーちゃんの3人がお金を出し合って、西東京市に事務所を開業したのだった。

しかし、その半年後、内村に肺がんが見つかった。

当時、肺がんの抗がん剤は高価で、1粒3万円近くした。気圧や気温を調整する最先端の療養施設もあったが、そこに入るにはひと月300万円かかると言われた。

「そのときに、結局、人を助けられるのはお金しかないって思ったんだよね。お金で買えないものはいらないと、お金を集めるというあこぎな考えにシフトしていったの」

その後、拠点を神奈川県横浜市に移すと、本格的に廃品回収業に乗り出していった。上東がやっていた廃品回収業は簡単に言えば、ぼったくりだ。トラックを出して、廃品を回収した後に、「１００万円になります」と請求する。当然ながら高い、とトラブルになる。しかし、内村を助けるためには致し方ないと思っていた。結局、内村は、痛み止めを常用しながら、死ぬ間際まで働き続けた。お金がないと命すら守れない現実を突きつけられ、上東は、内村が亡くなった後、三日三晩泣きはらした。それでも心は痛んだ。もう、限界だというときに、知り合いに遺品整理業を勧められ、転向したのが10年前（２００８年）のことだ。

生きづらさを抱えて①　社長・上東の場合

遺品整理業は特殊清掃を兼ねることが多い。ゴミ屋敷の遺品は、掃除しなければ整理できないからだ。上東は、遺品整理業に進出していく中で、特殊清掃が必要な孤独死の物件も手がけることが増え、本格的に特殊清掃にも乗り出していく。

遺品整理・特殊清掃業に転向してからは、日本初の遺品整理のフランチャイズということで、すぐにメディアにも注目されて、ぼったくりなどしなくても仕事は順調に入るようになった。

テレビなどにも頻繁に出るようになった。特殊清掃やゴミ屋敷の遺品整理で感じるのは、孤立し、心に苦しみを抱き、片づける以前に問題を抱えている人が圧倒的に多いということだ。しかし、メディアが求めるのは、あくまでゴミや遺品の効率的な片づけ方で、上東が伝えたい心の部分には誰も目を向けようとしない。メディアに出ても発信することができず、ジレンマを抱えて次第に心が疲弊していくようになる。

朝、起きようとしても、床に体が張りついて、起きられない日々が続いた。怠けちゃダメだ、と自分を奮い立たせて、何とか出勤していた。苦しかった。

「心が崩壊したんだよね。そのうちに電車に乗るのがこわくなって、1時間歩いて会社に通ってた。なぜかって、電車に乗ってる人の心がわかっちゃうから。悲しみしか、伝わってこない。この人、無理して会社に行ってるなとか。そして精神科に行ったら7つくらいの症例を言われたの。歩いてるだけで、うんこを垂れ流しちゃう状態だったの。トイレでゲーゲー吐いたり。自律神経がやられたんだと思う」

ストレスのあまり円形脱毛症になったが、それでもメディアは上東を追い続けた。かつらを用意するので、出演してくれと言われた。苦しくてつらくて、すべてから逃げ出したくて、静岡県の山にこもった。それは、かつての自分を取り戻すためだった。

上東は、そんな自分の人生に、ゴミに埋もれて死んだ佐藤の人生を重ね合わせる。

「生きづらい人には、僕はすごく共感するの。孤独死した人は、みんな恐らく根は良い人なんだと思う。人を騙したりとかは絶対できない人。だから、同時に自分に嘘がつけなくてすごく苦しくなってしまう。悩んでそれが物凄いストレスになっちゃう。自分はこれでいいのかという、罪悪感を抱えているの。ずるくないから悩むんだよね。きっと世渡りは上手じゃない。ただ、その分、人に正直だと思うし、自分に正直でありたいと思っている。でも、社会を優先させなきゃいけなかったり、人を立てなきゃいけないところがあったりするでしょ。それに矛盾を感じてしまって、自分を許せてない人じゃないかなって思うよ」

佐藤もきっとそうだったのではないかと、上東は考えている。

上東は、山にこもってからは、以前のようにがむしゃらに働くのをやめ、メディアが求めるような遺品整理業を演じるのもやめた。

今は一つひとつの現場を大切にしている。遺品整理や特殊清掃の現場では、遺族の中に自らも身を置き、寄り添うように時間をかけて、作業を行う。現場では遺族に敬語を使わないのもそのためだ。何を捨てて、何を残して欲しいのか、その真意をくみ取るには、余計な壁は取っ払ったほうがいい。

そんな飾らない生き方を選択するようになってから、上東は生きるのがずっと楽になった。遺族と話し合いながら遺品整理するのは金銭面では非効率的だし、時間もかかるが、生まれ育った団地のコミュニティの関係性に立ち返ることで、本当に大切なものは何かということに気づいたのだ。

「世の中、みんな華やかさを求める人が多いじゃない。成功とか、お金とかさ。華やかさを求めない人は変わった人ってレッテルを貼られる。俺も変わってるって言われるんだけどさ。自己肯定感のない人って多いよね。想像だけど、佐藤は社会に苦しんでたと思うよ。家ではゴミ屋敷で、ルールも守らなくて、やりたい放題じゃん」

私は、あの部屋のありさまを思い浮かべて頷いた。

「他方で、社会に一生懸命合わせようとするから、すごく生きづらかったんだと思う。何もかも世の中に合わせなければという発想を捨てれば、もっと楽な生き方があったんじゃないかって思うんだよね。でも、佐藤も僕も、そうなるか、ならないかは、紙一重だったと思うよ」

上東は、たまたま団地の仲間たちなどの豊かな人間関係に恵まれたことで救われたが、うまく人間関係を築けない人もいる。上東は、これまでたどってきた人生から、そんな生きづらい人の気持ちが痛いほどにわかる。そこに共感できる優しく温かな人柄を持ち合わせている。だから特殊清掃という仕事に携わっているのだろう。

「特殊清掃をやっていてきついのは、その人の内面がわかっちゃうこと。ペットボトルひとつからでも、その人の苦しみが見えちゃうんだよね」

上東は、そう言って静かに微笑んだ。

フスマ、ミギ、シタ、ヨコ。暗号の謎

孤独死は、梅雨明けぐらいから一気に増えて、暑さが引く9月頃には収束する。これは、夏場は遺体の腐敗の進行が速くなり、その分近隣住民の通報が多くなることを意味している。

上東も他の特殊清掃業者と同じように、夏場は同時並行で孤独死の現場をこなす。翌日、上東が向かったのは、佐藤と同じ県内にあるアパートだった。そこの住人であった高橋誠也（仮名・享年77）は、死後1日経ってから不動産屋に発見された。

佐藤のアパートの特殊清掃に1週間を要したのに対して、高橋のアパートは、あまりにも対照的だった。線路沿いに建つ築50年近くのその古びたアパートは、電車が通るたびにガタガタと揺れた。この音を、毎日高橋は聞いていたのだろう。

「壁側が頭で、こっちが足だっただろうね。吐血がひどかったり、長期間放置されたりすると、べちゃっと髪の毛もへばりついたりするんだけど、この人のはきれいだね」

上東は、すぐに見当をつけた。

6畳間の奥に、高橋が亡くなった場所があった。

畳の上は、3枚ほどのバスタオルに覆われている。上東がタオルをまくり上げると、まるで埴輪《はにわ》のような凹凸のある人型の黒い体液が畳に伝っていた。不思議なことに、臭いは全くしない。

日めくりカレンダーは、高橋が亡くなった日のままで止まっていた。

机の上には、日覚まし時計と、愛読書であろう新約聖書が3冊置かれている。半間ほどの押し入れからは、10円玉が入った大小のジャムの瓶が10個ほど出てきた。「高橋が教会に寄付をしようとしていたのだろう」と、上東は言った。長年の勘からすぐにピンときたのだろう。

上東が押し入れを開けて出てきたものを見せてくれた。「お元気ですか？　またお電話いたしますね」と書かれた手紙が束ねられている。民生委員の女性からだった。

「ハッピーメリークリスマス！　これからもずっと元気でいてください！」

色とりどりの手書きのクリスマスカードの束は、地元の社会福祉協議会（地区社協）から毎年送られたものだった。高橋はそれを大切に保管していた。その他には、市から配布された「見守りカード」や親族や友人から送られた年賀状が見つかった。

一番下には、かつての勤務先だった鉄工所から贈られた「皆勤賞」や「永年勤続賞」「感謝状」などの表彰状が、整然と束ねられている。

手前の部屋の一間《いっけん》ほどの押し入れを開けると、布団の他、下着などの衣類が丁寧に畳まれてしまわれていた。下の段には、ガムテープでぐるぐる巻きにしてある小瓶が5つほど置かれていて、まるで暗号のように、「フスマ、ミギ、シタ、ヨコ」「ミギカラ、タテ」と、黒のマジックペンで書かれている。

「何でしょう？」

「今となっては俺への指示だね」

上東がその指示通りに押し入れの布団に手を入れて探っていくと、布団右下の段ボールに行きついた。その中には、５００万円ほどの預金残高がある通帳と印鑑が入っていた。高橋は、日々忘れゆく記憶を留めておくために、貴重品のありかを書いておいたに違いなかった。

暗号で書かれたのは通帳の場所だけではなかった。古ぼけたＡ４サイズの茶封筒も見つかった。中を見ると、「あの平凡パンチには載せられなかった巨匠が撮った発禁ヘアヌード」というタイトルの雑誌の袋とじページの切り抜きで、十数枚もきれいに重なって入っていた。高橋は時折、封筒を開けては往年の女優たちをじっくり鑑賞し、自分だけの時間を愉しんでいたのかもしれない。

床にはゴミ一つ落ちていなかった。スカイブルーのバランス釜がついた風呂場は、ピンクのタイルがところどころ剥げていたが、すみずみまで丁寧に掃除されていた。

高橋は、まさに佐藤とは正反対の清貧を地でいったような生活ぶりだった。

眠るようには死ねない

すべての家財が運び出された後、上東は、透明の防護服を頭からかぶり、全身を覆った。

ここからは特殊清掃にかかる。特殊清掃人が最も恐れるのは、感染症だ。亡くなった人の死因は傍目《はため》ではわからない。上東は、死因が明記されている死体検案書を遺族からなるべくもらうようにしている。それによると、高橋の死因は心筋梗塞で、感染症の心配はないという。それでも特殊清掃人に防護服は欠かせない。

まずは、特殊な薬剤を高橋が絶命した汚染箇所に振りかけていく。薬剤をバスタオルにしみ込ませてしばらく待ち、汚れを浮き上がらせる。薬剤は塩素系で、すぐに辺り一面にプールの消毒剤のような臭いが漂い始めた。

さらに時間をおいて、タワシのようなものでこすり上げていく。

畳を持ち上げると、幸いにも下まで体液は染みていないことがわかった。それでも念のために、下地板も消毒剤で拭き取っていく。

「畳の上で亡くなったんですね」

「高橋さんのケースって結構、珍しいんだ。大体孤独死する人って、寝床から玄関先までの動線で死んでいることが多いの。具合が悪くなって、助けを呼ぼうかなとか、外に出ようとするから。あとはトイレで吐こうとして、その途中で行き倒れてしまう。だから、孤独死する人って、苦しみの中で助けを求めて亡くなる人が多いって感じるよね。でもこの人の亡くなり方には、それを感じない」

特殊清掃の作業が終了して家の物が一掃された頃、不動産屋の男性がやってきた。男性は、部屋の隅々まで目を落としながら、家で亡くなるのは、人間誰でもあることですから、仕方ないですよねと、つぶやいた。高橋は、確かに誰が見ても、つつましく穏やかに生きていた。孤独死したとしても、責められるような死に方ではなかった。

「この方は亡くなった際の状態としても、悪くないと思いますよ。若い方でも、誰も連絡しないうちに、家の中で亡くなっていたというのも多いじゃないですか」

苦しんだ形跡もなく、臭いもほとんどなく、畳の上で高橋は、ひっそりと息を引き取っていた。

新しく入居者を募集するのかと尋ねると、不動産屋の男性はいえいえという手振りをして、首を横に振る。

「この建物は古いので、家主さんがもう新規の入居者を募集していないんですよ。今住んでいる人たちが退去したら、ゆくゆくは建て替えになると思います。駅にも近いし、立地はとてもいいアパートなので」

私は佐藤の住んでいたアパートと、どうしても比較せざるを得なかった。

高橋は、会社を定年まで勤め上げ、誰からも愛されていた。年賀状など遺品から見ても、定年後も地域の住民たちと良好な人間関係を築いていた。

それに対して佐藤は、こういった人との繋がりを示すものが何もなかった。佐藤は人生のあらゆる局面で、躓《つまず》いていたのが明らかだった。

人が歩んできた生き方は、ここまでも部屋に如実に現れるのか――。同じ死でも、こうも違うのかと思い知らされる。佐藤が亡くなったのは65歳、高橋は77歳。2人ともほぼ同じ猛暑の夏に亡くなって、さらに同じく死後1日で発見された。

彼らは、まるで対極の生き方、そして死に方をしていた。高橋は最後まで、誰にも迷惑をかけず、恨まれることもなかった。そして、日々の生活ぶりは質素だったが、遺族に充分な遺産を残すことができた。

しかし、と私は思う。誰もがそうやって高橋のように、順風満帆の人生を送れるわけではないはずだ、と。私は、生きづらさの痕跡の垣間見える佐藤に、どこか自分との共通点を見出し始めていたのかもしれない。

僧侶でも答えは出ない

高橋のアパートの清掃が翌日の昼には終わった一方で、佐藤のアパートの清掃は過酷を極めていた。プロである上東らをもってしても、トラックの荷台はすぐにゴミの入った市指定のビニール袋で満杯になってしまう。畳の目が見えるようになるまで、上東らは、丸々1週間を費やすことになった。

すべてゴミが撤去されると、部屋の奥にあった頭だけ見せていた衣装タンスがようやく開き、その中から、クリーニング店のタグのついたビニールに入ったスーツが何着も出てきた。それを黙々と上東は、ゴミ袋に詰めていく。

「こんなスーツを着てた時期もあったんだね」

上東がふとつぶやく。ウェイター時代のものだろうか。壁のカレンダーの横には、「ひとにやさしく」と筆で書かれた短冊が飾られていた。これまでゴミに埋もれていて、見えなかったものだ。すーちゃんが、埃《ほこり》まみれのスーツをゴミ袋に入れて、上東が、カレンダーを剥がしていく。

上東は、清掃の仕上げにかかった。バスタオルに消毒剤をかけて汚染箇所に敷き、時間を置いては剥がし、何度もタワシでこすり上げる。それから5枚の畳をすべて上げると、下の合板が剥き出しになった。佐藤が息を引き取った瞬間の位置が、うっすらと黒ずんで輪郭を遺《のこ》している。上東はそこにも消毒剤を振りかけ、念入りに消毒していく。

最後に、埃の重みで傾いていた照明が天井から外され、すべての清掃が終わった。

この日のうちに僧侶を呼んで、アパートのお清めが行われることになった。聞くと上東が大家に提案したもので、その費用は大家の藤本が負担するという。藤本は、佐藤のために最後の弔いの費用を捻出しようとしていたのだ。

空っぽになったその部屋は、まだうっすらとだが、生ゴミの臭いが染みついていた。

臭いをすべて消すこともできるが、新規の入居者は募らないこともあり、この状態で大家に引き渡したほうが安上がりなのだという。

主のいない部屋に、上東、すーちゃん、僧侶の林数馬《はやしかずま》、相続カウンセラーの若い女性、そして私が集まった。

相続カウンセラーとは、多忙な遺族や、遠方に住む遺族に代わって、年金の手続きや遺産相続など、ありとあらゆる死後の事務作業を一手に引き受ける代行業である。無縁社会が叫ばれる近年、死後の面倒くさい諸々を「お任せ」できる代行業は、急速に業績を伸ばしているのだ。

青いTシャツを着てサンダルをつっかけた格好で、藤本が右足をひきずりながら、1階の自宅から佐藤の部屋へ、アパートの階段をゆっくり上がってきた。

藤本の表情は、いくぶんか落胆していた。佐藤の部屋があんなになっていたとは本当に想像もつかなかったんだ、と繰り返して、最後に誰にともなくつぶやいた。

「私がもっと佐藤に強く言えば、よかったのかもしれないね」

よく考えれば、藤本を除いて、ここにいる誰もが、私も含めて生前の佐藤を知らない。藤本は、たった1人、佐藤の亡くなった箇所を刻んだ、黒ずんだ板に視線を落とすと、その目を少しばかり潤ませた。心中にはきっと、さまざまな感情が渦巻いていただろう。

「佐藤さんっておいくつぐらいですか」

袈裟に身を包んだ林が亡くなった場所と名前を確認する。

「田中って言ってましたよね？　佐藤でしたっけ？」

滑稽だが、僧侶も含めて、その場にいる誰もが故人の親族ではない。ただちに相続カウンセラーの女性が書類を取り出す。

「佐藤浩二さん。昭和28年生まれです」

「65歳か。若かったんだね」

佐藤が息を引き取った方向を正面にして、黒い簡易スタンドで焼香台が組まれた。蝋燭に火が灯《とも》され、線香のツンとした匂いがあたりに漂い始めた。即席で、お祓いの儀式が始まる。藤本は、右足を引きずった格好で、佐藤の亡くなった場所をただ見つめながら、立ちつくしていた。そして、林に促されると、深く手を合わせて、焼香をした。

お経をあげている最中に、たまたま大音響の「夕焼け小焼け」のメロディが防災無線から流れ始めた。

林の声と相まって、まるで子守歌のように、不思議なハーモニーを作り出していく。

林が全員を前に法話を始めた。

「たくさんのゴミがうず高く積まれた中で、命を終えていく。しかしながらそういうものが、日本の中にはあちこちにはびこるような時代になってまいりました。その一つを藤本様が現実に見て、それを片づける役目の人、見守る人、そして人に伝えようとする人たちが佐藤様のご縁を一つ真ん中に置いて、集っている。こういうふうに死んでいった人がいた、しかしながら、その人がどういう人だったのか、推し量ることしか僕らにはできません。生前の姿には見ることも触れることもできませんでした。ただ、感じるということはできるのだと思います」

僧侶の林自身も、ゴミ屋敷で亡くなった人を何人も見てきたという。最初に立ち会ったのは、30代の男性の物件だ。その男性は、身動きが取れないほどに太っていて、マジックハンドでモノを取っていたらしく、腰までゴミが積もっていた。

「この方をもし生前に知っていたら、どうしてたんだろうってよく思うんです。一緒になって片づけようって言えたのかというと、話しかけても拒絶されるだろうと思って言えなかったかもしれない。関わらないでくれって人に、どうやって心を開かせるのか。こちらも何をしてあげるのが正解なのかっていつも考えてしまうんですよ」

林にもその答えは見つかっていない。

すべての儀式が終わって、一同が庭に会した。藤本が空を見上げる。

「たぶん佐藤も故郷《クニ》に帰ることを模索してたんじゃないかと思うけどね。亡くなる直前までは、3カ月にいっぺん地元に帰ってたから。そういうことも考えてたんじゃないでしょうかね」

同じ屋根の下、佐藤の一番近くにいたのは、大家の藤本であった。私は漠然とそう感じた。

「大家さん、ずっと心配してたんだもんね。佐藤のこと」

上東が、そう慰めた。藤本は、思いが溢れ出して止まらないかのようにしゃべり続けた。

「そうだね。30代の頃から34年間、本当に色々ありました。佐藤は、最後はもう階段上るのだってね、やっと上がっててつらそうだったから。最後こうやってさ、お坊さんにまで来ていただいて、喜んでるでしょう。うちの物件に決めたのは、勤め先に近いというだけじゃなくて、海に近かったからみたいなの。実家も海に近かったんだって。『もういい加減に、よそへ越したほうがいいんじゃねぇか』と言ったら、ここ気に入ってるからって、よく言ってたんだよな」

20歳ほど下の佐藤は、藤本にとって、いつしか賃借人という関係を超えた存在になっていた。そう言う藤本も歳月が流れるにしたがって、いつの間にか歳を取っていた。

どこにも行く場所がなかったとしたら、たとえゴミ屋敷であっても、佐藤にとっては最後の安息の地であったのかもしれない。私たちはつまるところ、死者の気持ちを推し量ることしかできない。

藤本は、ふっと全身の力が抜けたかのように、空を見上げた。上東はつぶやく。

「ウエットスーツ、佐藤の部屋にあったもんね」

ふと、どこからか、潮の匂いが漂っていることに気がついた。そう、すっかり忘れていたが、このアパートは海に近いのだ。数百メートル歩けば、そこは海なのだった。佐藤も時たまこのゴミ屋敷から抜け出して、海で泳いでいたのだろう。それは、佐藤にとって現実を忘れられる唯一無二の安らかな時間だったのだろう。

不在の主人公、佐藤を全員が囲んで、一時和やかな時間が流れる。佐藤も、きっと毎日この磯の香りを感じていたはずだ。それは長年慣れ親しんだ故郷の匂いだったのかもしれない。私たちは会ったこともない、佐藤という人物のことを考えて、その人生に思いを馳せた。それは、何というか、とても不思議な時間だった。

藤本によると、いずれ自分たちが亡くなれば、この物件は取り壊すことが決まっているという。そのため、遺族にリフォーム費用を請求することはないらしい。藤本と佐藤の、大家と店子というだけではない不思議な関係も、これでひとまず幕を閉じることになる。

「佐藤――。この世の中はお前にとって生きづらかったかもしれない。だけど、いつか生まれ変わったら、俺と一緒に遺品整理屋やろうな」

上東は、佐藤に心の中で、こうつぶやいた。上東は空っぽになった部屋の鍵をガチャリと閉めて藤木に返す。辺りはすっかり日が落ちている。下校途中の小学生たちが、キャッキャと騒ぎながら路地を駆けていく。夕焼けは人々をどこまでも赤く染め上げ、子供たちの背よりも高い影法師を作り出している。

上東の長く短い夏が終わろうとしていた。

第2章

燃え尽きて、セルフネグレクト

20年ぶりに会った兄は別人だった

孤独死する人には、「生きづらさ」を抱えた人が多いと感じる。人生で躓いたまま立ち上がれなくなって、そのままになった人たちだ。

特殊清掃人は、時折、現場に残された遺留品から「その躓き」に気づいてしまい、故人が味わったと思われる苦しみが透けて見えることがある。そして、私自身それが感情の琴線に触れて心が動かされることも少なくない。

加藤裕子（仮名・50歳）が関東某所に住む兄、吉川大介（仮名・55歳）と久々に会おうと思い立ったのは、２０１８年4月初旬の桜の季節だった。２人は、出身地である鹿児島に住む姉の結婚式以来、20年間一度も会っていない。数カ月おきに、電話で話す程度だった。

兄はいつも仕事で忙しそうにしていた。そのため、裕子は観光などで関東を訪れた際も、直接会うことにはためらいがあった。兄が鹿児島の国立大学を卒業後、東京の上場企業に勤めていることは知っていた。仕事が忙しいのだから連絡を取っては悪いだろうとも自分に言い聞かせてきた。

裕子にとって、大介はいつだって自慢の兄だった。子供の頃から、すらっとした体形で背が高く、英語が堪能だったこともあり、女子学生から絶大な人気があった。大学時代に地元で塾講師のアルバイトをしていた頃は、教え子の中学生から、キャーキャー言われていることを兄が明かしてくれたこともあったし、兄と同じ大学のサークルに所属する同級生からは、「お兄さんって、優しいね」と言われたものだった。そのたびに裕子は嬉しくて、顔がほころんだ。

しかし、そんな兄とも、結婚後は、お互い日々の生活に追われて会えずに、気がつけばあっという間に20年の月日が流れていた。

「時が経つのはなんて早いんだろう。そういえば、兄ちゃんは元気かな」

裕子は、地元鹿児島を離れ、兵庫県で結婚し、一人息子に恵まれていた。現在は、企業の社員食堂の調理員としてフルタイムで勤務し、日々の仕事と家事に追われていた。

自らも50歳になり、一人息子は成人してようやく手が離れた。

ちょうど、タイミングよく、東京に住む鹿児島時代の同級生たちが共に花見をするという話が持ち上がっていた。

兄も私ももうお互い歳だし、兄は独身の一人暮らしで、何かと不便なこともあるのではないか。この際に、一度くらいは顔を合わせておきたい。いい機会だと思い、兄の携帯に電話した。

「ねぇ、今度、地元の同級生に会いに、東京に行くんだ。兄ちゃんとも、だいぶ会わないでブランクが長かったじゃん。今度こそ、絶対会おうよ」

「そうか。それなら久々に会うか」

大介がすんなりと同意してくれたので、裕子は嬉しかった。

当日は、花見の前に、東京駅の改札で、待ち合わせることにした。

しかし、当日約束の時間になっても、どこにも兄らしい人物は見当たらなかった。

「待ち合わせ場所、間違ってないもんね。どこにいる？　いないやん？」

人ごみの中を、携帯電話を片手にキョロキョロと見回すが、兄の姿はどこにもなかった。ただ、改札の外に、初老と思われる白髪交じりの男性が「自分の今いる場所はここだ」と言いながら、携帯電話を片手に辺りを見回していた。裕子の視界には入ってはいたものの、ずっと知らないおじいさんだと思っていた。しかし、その人物こそが、まさに兄であった。

兄の外見は、20年前とは全く別人で、実年齢から想像していた姿よりはるかに老けて見えた。体形はやや小太りで、足取りはヨタヨタと頼りなかった。歩くのも苦しそうだった。裕子は、そのあまりの変貌ぶりにショックを受け、思わず目尻から涙が落ちそうになるのを必死にこらえた。

兄ちゃん、この20年で何があったの――。

心の中で、そう叫ばずにはいられなかった。しかし、そんな感情は露ほども見せず平静を装った。

「実はさぁ、事情があってここ15年ほど無職なんだよね」

ポツリと兄が切り出した。兄がこうなってしまった訳に、裕子は愕然とした。

兄は、裕子の心中の動揺など全く感じていない様子で、「お互い老けたなぁ」と懐かしそうな笑みを浮かべている。よく見ると、兄の歯は、上も下も1本残らずすべてなくなっていた。

しかし、その声とはにかんだ笑顔に、裕子はかすかながら、かつての兄の面影を感じた。「やっぱり兄ちゃんだ」と裕子は少しホッとした。それと同時に兄の身に、この20年間で、ただならぬことが起きていたことを確信した。

裕子はショックを何とか隠して、大きな荷物を置くため、まずは宿泊先のホテルに向かった。大介はホテルに向かう途中、道路脇にあったベンチに「ちょっと休憩」と言って腰を下ろした。その様子から、裕子は兄の体力がだいぶ落ちていることを察した。2人でホテルの部屋に入ると、大介はまずいすに腰かけた。いすに座る時、大介は重い体を下ろすのが大変そうに、「よっこらしょ」と声を上げていた。

兄と向かい合って座ると、どこからか、鼻をつくようなすえた臭いが辺りに漂っているのに気がついた。どうやらそれは、大介の身体から漂っているものらしかった。窓から差し込む日差しの下でよく見ると、着ているチェックのカジュアルシャツとカーディガンはすすけた感じで、何日も洗濯していないようで所々黄ばんでいた。

裕子は、まずは大介に食欲があるのかが心配だった。そこで、裕子の提案で、気分転換に近くの定食屋に食事に出かけた。

「ここは、私がお金出すから、好きなもの、何でも食べてね」

そう促すと、大介は、唐揚げ定食を注文した。

ちゃんと、食べれるんやと裕子は驚いた。歯が全部抜けているので、柔らかい物やそばやうどんなどの麺類を頼むのかと思った。しかし、大介は、揚げたてで来た唐揚げをとても美味しそうにほおばり、歯茎で上手にかみ砕いた。そして、ご飯と味噌汁をお代わりした。外食するのも15年ぶりらしく美味しそうに食べているのが印象的だった。

きっと兄は、私にも話したくないことがいっぱいあるんだろう。今は、何も話さなくていい、会ってくれただけでいい。兄の体調を心配していた裕子は、兄の食べっぷりにひとまず安心して自分の息子のことや、夫のことなど近況を伝えた。

大介は食事が落ち着くと、少し安堵の表情を浮かべて、自らの過去を話し始めた。

聞けば大介は、大学卒業後、就職した都心の先物取引会社で、流暢な英語能力を活かして華々しく活躍していた。27歳の時に1年間研修のため、アメリカのシカゴへ出向の辞令を受ける。帰国後も、国際部に異動となり、めまぐるしく働いていたらしい。しかし、ある日、仕事上のミスから、会社に大きな損失を出しそうになった。その後、何とか修正できて大損は免れたが、何かにつけて上司が言いがかりをつけるパワハラが始まった。その度に、大介は反論して、何度も言い争った。さらに、直属の部下がミスをしてしまったことも重なり、上司はいつしかアメリカ帰りの優秀な大介のことを目の敵にするようになっていった。

最終的に土下座しろと言われ、あまりの屈辱に耐えきれずに辞表を提出し、会社を飛び出してしまったらしい。

裕子は、そんな兄の告白にただ黙って耳を傾けていた。

「会社を辞めた時には、失業保険も出たんじゃないの？」

「そうかもしれないけど、辞めて落ち込んで何もする気が起きなかった」

「これまでどうやって生活していたの？」

「退職金と貯金だよ」

そのうち失業保険も失効してしまったらしい。

強烈な無力感に襲われ、脱力してしまった大介は、マンションに引きこもるようになっていく。

食事は、スーパーの総菜などで済ませて質素に暮らしていた。そのせいで、何とか貯金で食いつなぐことができた。しかし、歯が抜けたのは栄養失調で、偏った食生活が影響していたに違いなかった。

思えば、大介は、元々内向的な性格だった。そのため、妬みや嫉妬といった人間関係の軋轢《あつれき》が耐えられなかったのだろうと、裕子は感じていた。

心おきなくしゃべれる友人がいたら、何らかのはけ口になったかもしれない。しかし、大介は打ち解け合えるかつての同僚に、自分のほうから食事に誘うなどの連絡を取ることをしなかった。

打ちのめされた大介は、たった1人社会から弾き出され、外部との接点を見失って孤立していく。

マンションから少し歩けば、国道沿いに大介の大好きな本やCDが並ぶブックオフや、大手スーパーがある。たまに自宅で、株の取り引きもしていた。しかし、そのほとんどはヤマが外れ、大損してしまっていた。昼夜逆転の生活をして、家で読書や音楽鑑賞に没頭するようになっていく。

大介にとって、仕事を辞めたことは恥で、それは決して誰にも知られてはいけないことだった。思えば、大介はいつも忙しいと言っていた。

家族旅行で東京観光に行くから会いたいと言っても、「そっちが行きたいところを回って楽しんだらいいんじゃないの。俺はいいわ」と、はぐらかされてしまう。

冬は毎年スキーに行くからと、正月も実家には寄りつこうとしなかったし、「お盆、年末年始の休暇取得は家族持ちが優先だし、会社の休みを取るには、3カ月前から申請しないといけないので、会えない」とごまかしていた。

それだけ忙しそうにしているのなら、逆にしつこく連絡をするのも悪いと裕子はずっと思っていた。しかし、これは、無職であることを取り繕うための大介の嘘だった。わざと忙しいふりをして会うのを避けていたんだと、裕子は驚きを隠せなかった。

ただ、家族の中で唯一、ずっと慕ってきてくれた裕子にだけは、もう観念する時がきたと感じたのかもしれない。

もっと早く気づいていればよかった――。そうしたら、もっと早く手を差し伸べてあげられたのかもしれないのに。そう思うと、悔しくて仕方なかった。

「私がついていくから、まずは役所関係の手続きから、立て直していこうな」

別れ際に駅の改札で裕子が言うと、「そうやな」と大介は静かに頷いた。

兄の現状を知った裕子は、帰りの新幹線の中で、どうしたら兄の生活が立て直せるだろうかと頭を巡らせていた。体はあちこち悪いはずなのに、病院にすらかかっていなかった。なんでもっと早くこの現状に私は気がつかなかったのだろうか。兄のことを思うと、心が痛み、悔しくて、涙がにじんできた。しかし、少しでも前に進んでいくには、肉親の自分しか力になれる人はいないはずだと、裕子は自らを奮い立たせた。

無数の黒カビに覆われたドア

それ以降、兄とは電話で頻繁に連絡を取るようにしていた。そんな妹の気遣いが嬉しかったのか、大介は裕子にだけは、徐々に心を開き始めようとしていた。

翌月、裕子は再び、大介に会うことにした。その日は、バケツをひっくり返したようなどしゃぶりの大雨だった。兄と駅で待ち合わせて、一緒に傘をさして、バスに乗り込んだ。兄と傘をさすのは、小学生以来だと思った。あれだけ背の高くて格好良かった兄が、今はどこか小さく感じられた。

　地元の市役所に行き、とうの昔に切れていた保険証と年金手帳を再発行してもらった。そして、一緒にハローワークにも行き、パソコンで職種を検索した。大介は、また得意の英語を活かした仕事に就きたいと裕子に語るようになった。

　裕子はベテラン風の女性職員に「私の兄なんですけど、あまりにも見かねる状態だから、私も関西から来たんです。色々教えてもらって、よろしいでしょうか」と何度も頭を下げた。

　仕事さえ見つかれば、兄の生活はとりあえず立て直せるに違いなかった。職員の女性は履歴書と職務経歴書を持ってくれれば、添削を行ってくれるという。

　役所からの別れ際、裕子は袋いっぱいに詰めた食料品を大介に手渡した。パスタソースや乾麺、野菜ジュース、カルシウムいっぱいの魚の缶詰、クッキーなど、一人暮らしでも栄養になりそうなものを詰めるだけ詰めた。全部大介が好きで日持ちする物だった。それは、兄に対する妹からのせめてもの優しさだった。

「履歴書は誤字脱字がないように見直してね。添削用に赤ペンもちゃんと持っていってね。これ、ちゃんと食べて元気つけてや」

「あぁ、ありがとな」

数日後、大介から「一発で書類のオッケーもらったわ！」と嬉しそうな電話があった。

「やったやん！　いけるんちゃう？　いけるんちゃう？」と裕子は声を上げた。

「仕事のブランクはあるけれど、わからないところは教えてもらって、コツコツ取り組めば兄ちゃんならきっと頑張れると思うわ」

裕子は何度もおだてて、大介を励ました。

大介はまじめで、とにかく世渡りが不器用なところがあった。

その後、警備会社の面接の日取りを電話で調整している最中に、「15年間のブランクがある」ということを自ら面接担当者に口走ってしまったらしい。履歴書は当日持参する会社だったので、面接までこぎつけることが重要だった。たとえ15年のブランクはあるにしても、直接会って必死にやる気をアピールすることで、採用されていた可能性もあったかもしれない。しかし、大介は愚直な性格ゆえにそのチャンスを逃すことになった。

担当者は、しばし絶句すると、そのまま電話を切った。大介からすれば、そのままの自分を知って欲しいがための言動だったが、要領の悪さが仇となり、面接の機会を失ったのだと裕子は肩を落とした。それでも大介を何とか持ち上げ、なだめすかした。

裕子がいたら頑張れる気がすると、大介は次第に明るい口調に変化していった。1枚1枚、薄皮を剥がすかのように、大介は閉ざした心を開きつつあった。

それから2カ月後、連日の猛暑が関東一円を襲っていた7月15日――。裕子は、再び上京した。兄がどんな生活を送っているのか、生活状況を知っておく必要があると思ったからだ。大介が住んでいたのは、3階建てのマンションの一室だった。

「たぶん家に来ても、お前の座る場所なんてないと思うよ」

大介は、道中に何度も同じことを言った。

部屋に入るなり、裕子はその意味がわかることになる。白いドアの背面が、無数の黒いカビで覆われている。中へ進んで、度肝を抜かれた。床のほとんどが本やCDの山で埋め尽くされ、大介の言う通り裕子の座る場所すらなかったのだ。男の一人暮しにもかかわらず、数年前に期限の切れた10キロの米が床に投げ散らかされていた。

さらに、なぜか、カレールーの入った段ボールが20箱ほどキッチンに山積みになっている。何十個ものチョコレートやクッキーの箱が埃を被って、無造作に放置されている。寄りかかることができないくらいに、壁も一面カビだらけで、靴を脱ぐのもためらわれる汚さで、裕子は足元を見て思わずたじろいでしまった。

「何でこんなに食料品があるの?」と尋ねると、「東日本大震災の時に、スーパーにも食料がなくなって、大変だったんだぞ。備蓄できるものは、今のうちにしておこうと思ってさ」と大介は答えた。

学生時代に見慣れた、兄の大好きな洋楽のCDが紙袋の中に入っていた。かつて、兄の部屋で、見かけたものだった。風呂場もトイレも何十年かは掃除していないのか、墨でも撒《ま》いたように黒ずんでいる。

「洗濯機で洋服、洗濯してる？　洗剤はちゃんと入れてるの？　お風呂は入ってるの？」

まるで小学生にするような質問を裕子は兄に投げかけた。聞かずにはおれなかった。

「ひょっとして、俺の身体、臭うかな？」

「うん、臭うよ」

裕子は思わず正直に答えた。

エアコンは何年か前に壊れていて使えないので、コンセントも抜いてあるらしかった。電気代を気にしていたのかもしれないと、裕子は思った。

部屋の暑さは尋常ではないほどで、外の気温と変わらなかった。40度近いというニュースが連日流れる中、エアコンも使わず毎日をやり過ごしていることが、裕子にはとても信じられなかった。

部屋の中に数分いただけでも、むわっとした熱気で気分が悪くなって、とてもではないが過ごせない。しかし、大介は連日の猛暑の中、昼夜を問わずこの環境で生活しているのだ。聞くと、扇風機を24時間回して、15分おきに水シャワーに当たって、あとは気化熱で冷ましているという。

まずは、この部屋のゴミをどうにかしなくてはいけないが、自分一人で太刀打ちできるのだろうか。裕子は不安になっていた。部屋中からカビの臭いが漂い、とてつもないゴミ屋敷と化していた。

「いい加減、本とかCDとか溜め過ぎだと思うよ。少しは捨てるか売りにいくかしないといけないいんじゃない」

「いやいや。それは全部まだ目を通していないんだぞ」

「こんなところで生活してたら、体を壊すよ。部屋がこんな状態だったら、自分一人で片づけるのもやる気もなくすって。今から何回かに分けて部屋の掃除を手伝いに来るから、頑張って立て直していこうか」

「そうしてくれるか」

大介は裕子の提案をあっさりと受け入れた。大介は裕子にだけは心を許していたのだ。

裕子は、大介にゴミの収集日を聞き出した。見た限りでは、燃えるゴミが一番多かったため、収集日の前日にまた来よう、と思った。再就職の前に生活を立て直さないと衛生的にも良くない。次に来た時には、何とか床が見える状態にまではしたい。

「健康保険証も新しくできたんだから、病院にもいつでも行けるよ。歯もちゃんと治しなよ。今は入れ歯だって、いいのがあるし。人間笑うのって大事だよ。仕事も探してるし、健康も回復するよ。それで社会復帰したら、職場で良いご縁があるかもね。一生に関わることだし、今からでも誰か伴侶がいたほうがいいんじゃない？」

「あぁ、そうだな」

「もし良い人ができたら私ぐらいには紹介してね」

「わかった」

「それじゃあ、連絡を楽しみに待っとくわ」

それが兄と直接会って話す最後の機会になるとは、裕子は思いもしなかった。

見せてもらえない遺体

再就職に向けての進捗状況を聞きに、裕子は3日おきくらいに大介の携帯に電話していたが、ある日応答が途絶えた。そのまま1週間ほど応答がなかった。嫌な予感がして、裕子は消防署に電話した。兄と連絡が取れないので、心配なので様子を見に行って欲しい。住所を告げて事情を話すと、電話口の署員は、すぐに救急車を手配して折り返し携帯に電話をくれるという。固唾《かたず》を呑んで待っていると、電話が鳴った。「玄関のドアをノックして呼びかけても応答がないみたいです。裏の小窓が開いているのでそこから今から入りますね」と緊迫した口調だった。それから数分も経たないうちに、再び電話が鳴り、署員は「残念ですが、亡くなられています」と告げた。裕子は、「え？　なんで」と、膝から崩れ落ちそうになった。頭が真っ白になった。

大介は、最後の会話から数日後、マンションのキッチンで倒れて、そのまま息絶えていた。

遺体を引き取りに上京したのは8月6日だった。マンションの部屋に入って温度計を見ると、日陰でも48度あった。清掃人が綺麗に片づけてくれた後の部屋は、もう兄の面影もなく、暑さだけが状況を伝えてくる。この凄まじい暑さの中、兄はエアコンもなく、扇風機と水浴びだけで過ごしていたのだ。

死因は特定されなかったと警察から説明を受けたが、連日の猛暑が影響したのは間違いなかった。

兄ちゃん、あと少しで、生活が変わるはずだったのに――。

暑さで蒸気が上がっているような部屋を出て、連絡を受けていた警察署へ行った。死体検案書によると、死因は「不詳の病死」だった。

一目でいいから兄の姿を見たいと裕子は懇願したが、警察官は、絶対にやめたほうがいいと言って首を縦に振らなかった。

「こんなにひどい状態になっていると、ここではお見せできませんね。ショックを受けられるといけないですから。中には、気分を悪くされたり、頭痛がひどくなったりする方もいらっしゃるんですよ。今は大丈夫でも、その後フラッシュバックしたり食欲がなくなったりするかもしれません。葬儀社にご遺体を引き渡した後は、ご自由になさって大丈夫ですので」

警察官は、あまりの衝撃で気を失いでもしたら面倒だと感じたのか、最後まで頑《かたく》なに遺体を見せようとはしなかった。

検死が終わると、遺体は警察署から葬儀社に搬送された。翌日、大介の葬儀が行われた。姉と裕子のみが立ち会った簡素な葬儀だった。葬儀社のスタッフも、遺体を見るのだけはやめたほうがいいと、引き留めた。よほどひどい状態になっているんだなと、裕子は思った。

「一目兄の姿を見せてください」

いよいよ出棺という時に裕子が訴えると、葬儀社のスタッフは、たじろいだ様子で慎重にこう答えた。

「全身が溶けていて、目玉は溶けてなくなっているし、頬は落ちくぼんでいるし、写真で見るお兄さんの感じとは、だいぶ変わってしまっているんですよ。ご遺体とは対面なさらずに、ビニールにくるんだままの状態でさよならされるのが、一番良いのではないでしょうか」

しかし、裕子の決意は固かった。小さい頃から一緒に育った兄だ。

「私はどんな状態になっていても大丈夫です。だから、兄に一目会わせてください。遺体が溶けていようが、崩れていようが構いません。ちゃんと覚悟は決めています。だから、最後のお別れだけはしたいんです。兄も、私たちが気持ちを落ち着けて、少しでも先に進むことを望んでいると思いますので」

葬儀社のスタッフは、棺を開け、遺体を覆っている白いカバーをめくった。

兄の顔はミイラのように皮膚が茶褐色になっていて、目玉の水分は失われていた。口元はくぼみ、倒れた箇所が少し歪んでいた。頭髪は、自らの体液を大量に吸い込んでベチャッと張りついている。しかし、どんなに変わり果ててもそこには兄の面影があった。

「兄だ。やっぱり、顔はお父さんに似てるな」と思った。そして、どこかホッとして、やっぱり最後に会えて良かったと思った。

裕子は、どうしても最後に直接兄に伝えたいことがあった。

――兄ちゃん、これまで、苦しかったね。1人にさせて、ごめんね。ずっと、気づいてあげられなくて、ごめんね。ごめんね。ごめんね――。

棺は火葬場の炉の中に吸い込まれていき、裕子は小さな骨になった大介を拾った。

父との確執の果てに

大介が内向的な性格になった原因を裕子は知っていた。それは父親との確執だった。

大介は、鹿児島県鹿児島市で生まれた。3人兄妹の長男で、一人息子だった。昭和一桁生まれの父に、誰よりも厳しく育てられた。大介は、常に親の敷いたレールの上を走らされてきた。親に言いたいことも全く言えずに、反抗することすら許されなかった。長男ということもあって、成績が優秀だった分、期待をかけられた。試験の成績は常に上位であることが求められた。父は順位が下がると、音楽が好きだった大介に対して、「音楽を聴きながら勉強なんか頭に入るもんか!!」と感情的に怒鳴り散らした。外部の人間はおろか、家族間ですら、なごやかな会話はほとんどなかった。

父の口から出てくる言葉は、注意や指示で、どれも口調が厳しく、返事や反応が遅いとさらに叱責された。そのため大介は常に父親と距離を取るようになり、会話することもあまりなくなっていった。

やがて、大好きな洋楽のヘビィメタルのCDを狂ったように収集するようになり、それらのCDに聴き入っているときだけ、窮屈な日常から解放される気分になれた。

もともと気が弱く、人と接するのが苦手な大介は、多感な時期も父親とは対話することもなく、親子のコミュニケーションが断絶した中で育った。裕子は、父と大介が言い争う姿を時たま目撃していた。こんな状態で育ったら、いつか取り返しのつかないことが起こるのではないか――裕子はずっとそう思って心配していた。そして、それは何十年後かに現実になったのだった。

「俺は、親のおもちゃじゃない！」

大介は大学卒業間際にそう叫んで食卓のテーブルを叩きつけたことがあった。それでも父の態度は変わらなかった。高校卒業後はドイツ語の専門学校に行きたいと言っていたが、やはり両親の反対に遭い、地元の国立大学に進学していった。父の影響は女性関係にも及び、兄には心を寄せていた看護師の心優しい女性がいたのに、そのことを裕子にしか打ち明けなかった。

「おふくろには話してもいいけど、うちのオヤジが頑固者で変な性格だから、オヤジには紹介したくない」

と言っていた。そんな引け目もあってか、結局、女性のことはあきらめてしまう。それ以降、大介の遺品を見ても、女性の影はなかった。

長年、厳格者として君臨していた父親も2年前に他界した。その父親も、早くに母親を亡くし、7人兄弟の5番目でありながら、父親から一番の期待をかけられて非常に厳しく育てられたと裕子は聞いていた。

裕子は、父親と兄の衝突に気を揉みながら、父親とは正反対のおっとりした優しい男性と結婚し、いつだって笑いの絶えない家庭を築いていた。自身の育った家庭環境を反面教師にして、自分の一人息子には好きな道を歩ませようとしている。

その家庭の微笑ましい情景は、のちに大介が歩んだ軌跡とはあまりに対照的だった。

裕子は、大介のいなくなった部屋に佇《たたず》み、答えのない問いを心の底から叫ばずにはいられなかった。なぜ、どうして、と。

一匹狼の特殊清掃人

8月初旬の某日、特殊清掃人、塩田《しおた》卓也（47歳）は、大介が不詳の死を遂げた関東某所のマンションへ車を走らせていた。

塩田の朝は早い。午前6時、某関東地方都市のコンビニ前には、作業服を着た男たちが慌ただしく集まっていた。男たちは買い物を終えるとわらわらと出てくる。塩田は、そんな早朝のコンビニの駐車場にブルーの2トントラックを横づけした。塩田の愛車からは、B'z（ビーズ）の曲が聞こえてくる。忙しく行き交う作業服の男たちの中でも、ひと際目を引くほどの大量のスポーツドリンクをレジ袋にぶら下げて戻ってくるのが塩田だ。

白いソックスに、紺色の作業ベスト。体格は小柄で、一見とび職人といった出で立ち。それが塩田の作業スタイルだ。近隣住民に特殊清掃を行っているのがバレないように、特殊清掃用の防護服は、現地に着いてから身につけるのが塩田流なのだそうだ。

購入した飲み物は、ミネラルウォーター6本と、ポカリスエット3本、アクエリアス3本の計12本とロックアイスの袋、そして塩タブレットである。塩田は、トラックの荷台に積んであるクーラーボックスに、まずロックアイスの袋を敷き詰め、その上にペットボトルをドドドと手際よく投げ入れていく。残りの塩タブレットは、ポケットに入れた。

仕事が集中する夏場は、朝から晩まで食事を摂らずにぶっ通しで作業を行う。腐敗体液が衣類だけでなく粘膜にも付着するので、食事はまず喉を通らない。そのため、毎朝こうやって飲料水を大量に準備して水分補給を怠らないようにするのが習わしになっているのだという。

現在、塩田はほとんど1人で現場をこなしている。特殊清掃業者は2パターンに分かれる。大人数のスタッフで現場に入り、手早く作業を終わらせる組織型の業者と、塩田のように、納期を長くもらって1人ですべてを終わらせる一匹狼型の業者だ。1人で請け負うことでペース配分の自由度は高くなるが、あらゆるケースに柔軟に対応できるだけの知識と体力が必要になってくる。

電気工事関係の仕事に就いている弟や会社員の兄が休みの時に、荷物の運び出しなどの軽作業を手伝ってもらうことはあるが、特殊清掃の技術が必要な汚染箇所の処理に関してはすべて1人で行っている。

塩田は、現地のマンションの前にトラックを止めると、まず、大家の自宅に向かった。孤独死が起きると、近隣住民は、連日その異様な臭気に悩まされている場合がほとんどで、感情的になっていることが多い。特にゴミ屋敷の場合は、生前から近隣住民とトラブルを抱えていたケースがかなりの割合を占める。そのため、塩田は近隣対策として周辺住民へ作業開始の挨拶を欠かさず行っているのだ。

この日も、塩田は、大家や近隣への挨拶を済ませると、トラックから一連の特殊清掃セットを取り出した。ビニール袋を破って、青い不織布の防護服を取り出す。そして、それをすっぽりと頭まで被った。さらに、その上から、ゴム製の防毒マスクで完全に顔を覆った。ドアの前に立つと、わずかな隙間から熱気と共にすさまじい腐臭が漏れてきて鼻孔を駆け抜ける。

塩田は、ドアの前で手を合わせた。そして鍵を手早く差し込んで開け、ドアを引いて中に入るなり、瞬時に内側から閉めた。迅速に開け閉めするのは、少しでも臭いを外に逃がさないためだという。ドアの前で感じた数倍、いや、何十倍の強烈な臭気が、防毒マスク越しに、塩田の鼻に襲いかかる。防毒マスクは、臭いを大幅に軽減してくれるが、完全に遮断することはできない。鼻と口に密着するゴムの隙間から暴力的な臭気が容赦なく突き刺さる。

まさに、それは突き刺さるという表現が相応《ふさわ》しかった。

ゴミ屋敷とモノ屋敷

一度見積もりの際にこの物件を訪れていた塩田は、するべきことはすべて頭に入っていた。塩田に言わせると、大介の部屋は本やCDなどが多い、いわゆる「モノ屋敷」だった。男性は女性に比べて、ゴミ屋敷よりも趣味に傾倒したモノ屋敷になりやすいのだという。

部屋に入ると玄関扉からわずか80センチ四方の土間は、大介の買った文庫本の山が崩れ落ち、カバーが半分外れた状態で、乱雑に散らばっていた。土間と連結したキッチンには、水色の冷蔵庫が置かれていたが、その前面は粘り気のある黒い液体が広がっている。大介の遺体から漏出した体液だ。レトルトの麻婆豆腐の袋や、もつ鍋の素、玄米の袋に、体液がどろりと付着している。文庫本の一部も体液をすっかり吸い込んで、どす黒く変色していた。大介は、キッチンのほうに頭を向けて亡くなっていたのだ。その黒い体液は床一面に広がっていて、冷蔵庫の下にまで浸透していた。

マンションの床のほとんどをCDやDVD、そして文庫本のタワーが積み重なって覆っていた。黄ばんだ文庫本が束になっており、よく見るとブックオフなどで売られている100円の古本ばかりだった。

寝るスペースは奥の部屋の簡素な布団が敷いてあるところだけで、その周りに山積みになった2メートルほどもある本のタワーが何本も聳《そび》え立っている。それは今にも崩れ落ちそうになっていた。裕子が大介の家を訪れたときと同じ景色だ。家主を失ったその部屋は、どこかの廃屋のように見えた。

特殊清掃で必要なことは、まず一刻も早く、汚染箇所の臭いを取ることだ。臭いが収まれば、近隣住民の苦情の種もなくなるし、塩田自身も、遺品整理などの片づけ作業がぐんとやりやすくなる。

近年、臭いを消す方法として、オゾン脱臭機というものが出てきている。臭いの元と化学反応を起こして、臭いを取る機械で、現在ほとんどの特殊清掃業者が導入している。実際、最初の段階からオゾン脱臭機に頼る業者も多い。しかし、大工の経験のある塩田の中では、最後の一工程という位置づけだ。

塩田に言わせると、床の上で亡くなった状況でも、体液の付着した残置物と呼ばれる臭いの大元さえ撤去してしまえば、死臭の8割は取れるという。その後に、窓ガラスを拭いたり壁紙を剥がしたり、さらに木枠を壊したりして、部屋全体の臭いを取る作業に入る。つまり、95％の臭いを除去した後に、仕上げの5％でオゾンを使うというやり方だ。

しかし、大介の部屋は、もはや床に座ることすらもままならないほど、本やCDで埋め尽くされている。一刻も早く臭いを取るために、まずは作業スペースを少しでも確保しなくてはならない。どうすればいいのか、塩田は頭をフル回転させていた。塩田にとって、この一瞬の決断力こそが作業の成否を分ける瞬間でもあった。

すさまじい腐臭と暑さの中、塩田は部屋全体を見渡し、黒い体液の染みているキッチンに隣接する6畳の居室から手をつけることにした。居室にスペースを確保することで、隣接するキッチンの作業に取りかかることができる。外に出ると、トラックから段ボールを取り出し、部屋の中に運び込み始めた。

部屋の中は40度を優に超えている。サウナにいるかのような蒸し暑さが塩田を襲う。臭いを外に漏らさないように、ドアも窓もカーテンも閉め切り、ほの暗くなった室内で、額から大量の汗を滴らせながら、段ボールに黙々と文庫本を詰め込んでいく。運び出しやすいように、コンパクトなサイズの段ボール箱を選んできたようだ。たった数分部屋にいるだけで、砂漠に放り出されたような熱気にのどが渇き、めまいで倒れてしまいそうな灼熱地獄を実感する。

段ボールにあらかた詰め終わると、塩田は蛆を殺す透明の薬剤を黒い体液にかけ始める。無数の白い蛆がピョンピョンと飛び跳ねるようにしてのたうち回り、しばらくして動きを止めた。

一度蛆殺しの薬品と蛆を拭きとった後に、オキシドールをかけると、体液が染みて黒くなっていた箇所がシュワシュワと泡立ちながら白く浮き上がってくる。バスタオルで拭き取るが、一部赤いビニールのような薄皮が床にへばりついて、剥がれない。それは、大介の皮膚だった。今度は皮膚をへらで削《そ》ぎ取り、消毒剤を何度も振りかけて、壁紙とクッションフロアにカッターで切れ目を入れていく。幸い下には体液は染みておらず、ベニヤをすべて剥がせた。最後にオゾン脱臭機のスイッチを入れ、サーキュレータを回して拡散させた。

遺影に見守られながら清掃費を渡す

数日後、裕子は塩田と近所のファミレスで待ち合わせをしていた。

塩田には、特殊清掃の費用を現金で手渡すことに決めていた。小さなスタンドに入った遺影を手にしていて、それは在りし日の大介の写真だった。今日の出会いを作った故人は、もはやこの世にはいない。

「昨日、ホテルのテレビが自然についてたんですよね。あぁ、兄が帰ってきたんだなぁって。怖いとかそんなことは全然なかったんですよ」

裕子は静かにそう語り始めた。遺影は先物取引会社に勤めていた30代くらいの時のようで、どこか繊細そうな顔立ちで、しっかりと前を見据えていた。

「兄は、仕事を辞めてから何もやる気が起こらなくなったみたいなんです」

塩田は、大介の遺影を静かに見つめ返していた。

「きっとお兄さんは仕事、燃え尽きちゃったんですね。孤独死する人って会社を辞めたり、子供が巣立っちゃったりすることがきっかけで家がゴミ屋敷になることがよくあるんですよ。男性はそれで孤独死することが多くて、孤独死の4件中3件が男性なんです。単身、離婚で孤独になるんです。女の人って、何かと人間関係を作るのがうまいけど、男の人って何かで躓くと、閉ざしちゃうんですよね」

塩田がそう話すと、裕子は、あぁ、やっぱりそうなんですね、と少しホッとしたように頷いた。写真の中の大介は、少し笑いかけているように思えた。裕子も、どこかふっきれたような笑顔を見せる。裕子は、帰りの新幹線の中で、写真の大介に心の中で呼びかけた。

——兄ちゃん。言いたいことも言えなくて、ずっと箱の中に閉じ込められた人生で、つらかったね。苦しかったね。本当に気づいてあげられなくてごめんね。今度生まれ変わったら、私をちゃんと探して、私の孫として、生まれ直しておいで。うちのところだったら、好きなことだって言えるし、すごく居心地がいい家だよ。待ってるから。そして、いつか、もう一度、家族になろうね――。

おむつ屋敷は虫たちの楽園

塩田は、2018年夏、孤独死の案件を100現場ほど手がけた。まさに、現場から現場へ飛び回る日々を送った。

塩田は、生前の故人の行いが、現場に現れていると感じている。高度経済成長期に建てられたUR都市機構の物件では、塩田が近隣の住民に挨拶にいくと、「あのおばあちゃんの臭いなら、大丈夫よ。気にしないで」と言われた。近所の子供に「おじちゃんのお部屋、きれいにしてね」と言われたこともある。

嘆き悲しむ遺族を間近で見るのは確かにつらいが、もっとも心が痛むのは、その関係性すら感じられない時だ。

「臭うわね。まぁ、死ぬ前からあいつ、臭かったけど」

ある日、塩田が世田谷区の高級住宅街の一室で特殊清掃をしていると、不意に元妻の女性が現れて、吐き捨てるように言い、息子と一緒にケタケタと笑い始めた。

塩田が特に精神的に参ってしまうのはこういう瞬間だ。また、遺族らの行き場のない感情や憎しみが、特殊清掃業者に向けられることも少なくない。

「普段は何の交流もないのに、孤独死した時だけ責任を取ってくれというのは、意味がわからない」

ほとんどの遺族が、お決まりのように、塩田にこんなセリフを投げつけてくる。故人に対してことさら怒りがあるわけではない。ただ単に親族であるというだけで、孤独死の代償を支払わされることへの反発、といったものが圧倒的に多い。金の切れ目は縁の切れ目で、現金や保険証券など金目の物が出てこないときはさらに露骨な反応となる。最悪、相続拒否され、多額の掃除費用を巡って、大家が途方に暮れるというケースも多い。その板挟みになるのは、塩田のような特殊清掃業者である。

8月末の某日、埼玉県某市――。

塩田は、この夏もっともハードな現場に突入しようとしていた。そこは、80代の男性が住んでいた6畳1間のアパートの1階で、死後2週間経っていた。妻に先立たれ、一人暮らしになってから生活が乱れていったらしい。近隣住民からの通報があり、孤独死が発覚。その部屋は、親族でさえもまともに近づくことのできないおむつ屋敷になっていた。

炎天下を塩田は現場まで一歩ずつ進んでいく。すでにあの甘ったるい臭いは鼻を刺していたが、ドアの前まで来ると、何倍、何十倍にも濃度を増して迫ってきた。慣れた仕草でいつもの青い防護服をつけ、防毒マスクを被る。部屋の状況を目視で確認するために、鍵を開けて中に突入していった。

そこは漆黒の闇が支配する虫たちの天下だった。何十匹もの蝿が空中をブンブンと飛び回り、天井と左右の壁にコツンコツンとぶつかっては方向を変え、猛スピードで侵入者を追い出さんとばかりに、容赦なく、塩田の顔めがけて突進してくる。ベランダの窓のシャッターは、ピッタリと固く閉ざされ、光は一切差し込まない。牢獄のようで、息苦しくなる。空気は滞留し、重々しくそして、ねっとりとしていて、澱《よど》んでいる。その中を虫たちが、我が物顔で闊歩する。

カサカサカサカサという音だけが不気味な静寂の中で響いていた。

塩田は、スイッチの場所をすぐに探し当てると、電気を点《つ》けた。暗闇の中に、まず浮かび上がったのは、白と青のおむつの山だった。

尿と大便をたっぷりと含んだおむつが、居室の壁沿いに1メートルほどの傾斜を描いて山になっている。

部屋の真ん中にはベージュの絨毯《じゅうたん》と、その上に染みだらけの布団が敷いてあった。布団には黒々とした体液がぐっしょりと染みわたっている。ここで亡くなったのは明らかだった。こたつや棚はそこにただ置かれているだけで、部屋中に物が散乱し、雑然としている。

べっとりとした黒茶の敷布団を中心にして、大小ありとあらゆる種類の虫たちがあたかも小さな生態系を形成している。虫たちの天国は、巨大な二足歩行の生物によって、突如として乱されようとしていた。

塩田が敷布団を掴んで上げると、何匹もの黒光りするゴキブリが敷布団の隙間から、速足で這い出てきた。焦げ茶色の身体をくねらせて、ジグザグに方向を変え、目にもとまらぬ速さで駆け抜けていく。そして、タタタタタと凄まじい勢いで飛び跳ね、あっという間にどこかに姿を消した。

ゴキブリよりもはるかにスピードの遅い何百匹かの蛆たちは、そのクリーム色の体を必死にうねらせて散り散りになっていく。殺されまいと、くねくねとうごめきながら四方八方に姿を隠そうとする。何とか逃げ道を探そうとしているものの中には、すでにキッチンのほうまでたどりついている猛者もいる。

虫たちが去ると、死臭と大便と小便の入り混じった、混沌とした臭気がその場を支配した。

塩田は、異様な熱気と悪臭が漂う中、まずは、壁に築かれたおむつの城壁を解体し始めた。中腰になり、一つひとつ掴んでは、袋に詰めるという作業の繰り返しだ。それを何十回と繰り返す。おむつの山は、腰辺りまであるため、いくら詰めてもなだらかになる気配はない。まるで万里の長城だ。さすがの塩田も、防毒マスクの隙間からハアハアと息を荒らげる。

しかし根気強く作業を続けた結果、腰の高さほどもあったおむつの城壁は、徐々に平らになっていった。おむつは下のほうにいくにつれて、すでに崩壊して形がなく、その中身である綿の繊維がボロボロ崩れ落ちている。尿か、便か、もはや判別もつかない茶色い綿毛が、壁一面をお花畑のように埋め尽くしていた。このことから、このおむつがかなりの長期間放置されていたものだと考えられた。おむつを詰めた袋はあっという間に、何袋も積み重なっていく。

しばらく経つと、防毒マスクの隙間からは、尿と便と体液の混じり合った臭いが、容赦なく塩田の皮膚に侵入してくるようになる。

完全に閉め切られた室内の熱気と臭気はすさまじく、その場にいるだけで意識がもうろうとして、何かの拷問のような気さえしてきた。それでも、塩田は手を止めることなく、黙々とおむつを袋に詰め続ける。滝のような汗だけが、塩田の顔面をダラダラと伝っていく。

数時間かけて、大半のおむつがビニール袋に収まると、塩田は、今度は、体液の染みわたった布団をくるくると丸め始めた。布団の隙間からも、蛆がポロポロと零《こぼ》れ落ちてきて、身をよじらせている。

塩田は、手際よくラッピングシートで敷布団と絨毯をくるんだ。そして、書類などを段ボールにまとめ始めた。これらの遺品は、遺族に返すものだ。

こたつを上げると、飲みかけのペットボトルや未使用のおむつ、読みかけの新聞紙などが散乱していた。新聞紙は焦茶色《こげちゃ》の体液をすっかり吸い取って、文字が読めないほどに変色している。体液は、その下の2メートル四方にわたって、フローリングまで浸透していることがわかった。

塩田はまず、ゴミを一つひとつ拾い集めていく。

膝をついて消毒剤を撒き、体液を泡で浮き上がらせながら、へらで体液をこそぎ落としていく。死後、かなりの時間が経過しているため、フローリングに流れ出した体液は、もはや水分を失い、干からびて、フローリングにまだら模様になって染みついている。なかなか取ることができない。そのため、へらのような道具は、必須アイテムとなってくる。

塩田は何度も何度も黒い体液を剥がし、消毒剤をかけてはティッシュで拭き取っていく。ふと、それらの液体の中に、小豆を撒き散らかしたかのような黒点が何十個もパラパラと混じっているのに気がついた。蛆の蛹《さなぎ》であった。最初の蝿は、換気扇などのわずかな隙間から入り込み、遺体の眼球などに卵を産みつけ、幼虫（蛆）、蛹、成虫というサイクルを繰り返すのだ。蛹は、プカプカと体液と消毒液の中を漂っている。

へらで、体液を削るカカカカという音が、静寂の中に響く。

閉め切られた地下牢のような空間の外には、雲一つない青空が広がっている。太陽がジリジリと照りつけ、室内は蒸し風呂のような異様な熱気を帯びてきている。防毒マスクをつけているため、酸素が薄くなり、呼吸が苦しくなる。

塩田は息を切らせながら、それでも、体を休めようとはせず、床に広がった体液をティッシュペーパーで、丁寧に拭き取っていく。

百戦錬磨の塩田でさえも、防毒マスクの隙間から侵入する、むせてしまうほどの悪臭と、うだるような暑さという果てしない戦いに、苦しんでいた。

それでも塩田は何度も、薬剤を体液の部分に散布しながら、そのおぞましい臭いを放つ体液を拭き取っていく。床に顔を近づけて体液を拭き取る時が、もっともきつい。マスク越しでも、臭気は鼻を容赦なく襲ってくる。暑くて、苦しくて、意識さえ失いそうになる。しかし、塩田はその手を止めようとはしない。室温は明らかに40度を超えていた。もはや苦行としか思えない、永遠とも感じられる時間がただただ流れていく。

塩田は、時折、防護服で額の汗を拭うしぐさを見せる。しかし、汗は窓を伝う雨水のように流れ続け、ついには、ポタリポタリと直接床に落ちていく。これほどの地獄が他にあるだろうか――。そう思わずにはいられなかった。塩田は時折苦しそうな表情を見せつつも、最終的には、体液のすべてを拭き取った。

塩田の真剣勝負の甲斐もあって、あたりを支配していた暴力的な臭いは、いつしか収まりつつあった。

しかし、作業はまだまだこれからである。塩田は、次にフロアタイルと呼ばれる塩化ビニール系の床材をスクレーパーで剥がす。塩田の手にかかると、まるでマジックでもかかったかのように、土台からするりと外れていく。床材をあっという間に剥がし終わると、鼻を近づけて、入念に臭いをチェックする。どうやら体液は、その下には滴っていないようだ。あとは、部屋中の壁紙を剥がして、まとめたゴミを撤去して、終了となる。

塩田は、すべてが終わると、汗でびしょびしょになった防護服を脱いだ。塩田の身体は、髪の毛も体も、ひと泳ぎしていたかのように、文字通り水浸しになっている。

その後ろ姿は、あたかも砲弾が飛び交う戦場を、たった1人で戦い抜いた戦士のようで神々しかった。

生きづらさを抱えて② 一匹狼・塩田の場合

「父親の暴力から逃れるために施設で育ってきたから、母親にも本気で甘えたことがないし、他の親族にも遠慮していたんです。小さい頃からわがままを言うことができなかった。だから孤独死で亡くなった人の気持ちはわかりますよね。暴力的な身内がいたら、こうやって委縮しちゃうなとか、こんな強い性格の兄貴がいたら、嫌になっちゃうだろうなって」

塩田は東京都練馬区に生まれた。9人兄弟の4番目だった。

小学生の頃に両親が離婚。父親に引き取られてから、虐待が始まるようになった。父親は酒を飲んで暴れては、出来の良い弟と比較し、塩田に暴力を振るってきた。毎日のように殴りつけられ、ある時は、頭蓋骨にひびが入ったこともあった。怖くて何度も家出したが、その度に警察に家に連れ戻されてしまう。そして、また父親に殴られることの繰り返しだった。

行く場所がなくなった塩田は、恐怖心から、近所の墓場に寝泊まりするようになる。空腹に耐えきれず、墓場の供え物のまんじゅうを食べて、空き腹を満たす日々が続いた。死は、塩田にとって身近なものだった。

父親の暴力によって、親戚をたらい回しにされたあげく、最終的に養護施設で過ごすことになる。養護施設では、母親の彼氏に何度もレイプされて、堕胎した少女と知り合った。世の中には、自分よりも、もっとつらい思いをしている子がいるんだと感じた。

施設を出てから、親に金銭面で負担をかけたくないと、高校を中退して、家を飛び出した。早く体力つけて早く独立してお金を稼ぎたい。大工の親方を目指して、福島の工務店に就職し、福島第1原発や、リゾート施設の建設に携わった。その後、上京し、タワーマンションなど大型建造物の親方として、建築現場を指揮する日々が続いた。しかし26歳の時に、腰椎分離症を患ってしまう。

雨の日も風の日も身を粉にして働き、重い材木を担いだ。30代半ばになると、膝や肩に激痛が走るようになる。死を意識するようになり、ようやく現場から離れる決意をして広告代理店に転職し、ホームページの制作に携わるようになる。

災害に遭った家の原状回復工事の仕事を始めたのは、10年前（2008年）だ。何か自分で商売をやりたいと思い立ち、初めはリフォーム会社を思いついた。しかし、仲間の仕事を手伝ううちに、特殊清掃の需要の多さに圧倒されるようになる。幸いにも、塩田には大工時代の経験があり、建物の構造に関する知識が豊富だ。そして、死の現場は、幼い頃に墓場で慣れ親しんだこともあって、全く抵抗はなかった。

とはいえ、特殊清掃には薬剤の知識が必要になる。クレゾールせっけん液、次亜塩素酸、二酸化塩素、オキシドール、ありとあらゆる薬剤を買ってきては、建材には何が適しているのか、どうすれば臭いが取れるのか、試行錯誤する日々が続いた。

建材を切り貼りして、臭いを物理的に取るのか、それとも薬剤を駆使して、化学的に取るのか、現場の状況で、対応は変わってくる。建物へのダメージを最小限にとどめ、臭いだけを消すにはどうしたらいいのか。突き詰めていくことは、塩田にとってはやりがいのある未知の冒険だった。

塩田には忘れられない現場がある。

そこは、さいたま市にあるペット飼育可能なマンションだった。

亡くなったのは糖尿病とうつ病を患う生活保護受給者の男性で、死後3カ月が経過していた。

親族は高齢のため相続を拒否して、大家が部屋の清掃費用を被ることになった。こういった場合、遺品のすべてはゴミになって処理される運命にある。

マンションの前に着くと、小型犬を抱えた中年女性が不安そうな面持ちで待ち構えていた。

「あの部屋の中に猫がいるはずなんですけど、生きているか、見てもらえますか。312号室の者です」

「わかりました」

大家から預かっていた鍵を使ってドアを開けたが、猫らしき姿は見当たらない。だが、玄関の下駄箱の上に、ひと抱えもある水槽が載っている。水を入れたまま3カ月放置したわけで、水というよりも澱んだ何とも言えない色になっており、酸っぱいような腐臭を放っていた。そこに甲羅らしきものが見える。目を凝らすと、塩田の掌より小さいくらいのミドリガメが、5センチほど入った水から逃れるように、必死に四肢をバタつかせていた。

「こんな環境でも生きていたんだ」と塩田は思った。

居間には、小さなケージがあった。見ると、その中で白いうさぎが息絶えていた。ケージの横には、ラビットフードの袋が横倒しになっていて、中を見ると空っぽだった。

奥にはベッドがあり、黒い体液の人型がくっきりと浮き出ている。どうやら男性はベッドでうつ伏せになって突然死したらしい。

ユニットバスのほうでカタンと音がしたため、歩を進めると、突然、黒と白のブチの猫が飛び出してきた。ニャアニャアとか細い声で鳴き、塩田の足もとにまとわりつく。痩せこけていたが、緑色の目には力が宿っていた。

すぐに抱きかかえて、キッチンにあったキャットフードと水を与えた。猫は、がむしゃらに食らいついた。臭いに慣れてきて、周囲を見渡すと、状況が読めてきた。

どうやら猫は男性が亡くなった後、ミドリガメの水槽の腐った水を飲み、封が空いていたラビットフードを食べて、3カ月もその小さな命を繋いでいたらしい。

「お前、本当によく生きていたな」

塩田は、あばらの浮き出た猫の背をそっと撫でた。温もりに、えも言われぬ感情が押し寄せ、胸が詰まった。自分も、この猫のように、強く生きていきたい――。そう思った。

孤独死の現場では、後に遺されたペットが犠牲になっていることが少なくない。その多くは飢え、渇き、壮絶な苦しみの中で死んでいく。

どんな環境でも生きようとする命の営みを目の当たりにして、塩田は心打たれずにはいられなかった。

マンション前で待ち構えていた中年女性の部屋を訪ねて、猫と亀が生存していたことを伝えると、引き取りたいと言ってくれたので、渡すことにした。女性の手に抱かれて、猫は安心したかのように目を細めた。

今から猫と亀を動物病院に連れていき、診察してもらうと言う。

塩田は費用の負担を申し出たが、「私が好きでやっていることだから」と頑として受け取ろうとはしなかった。

塩田は今も猫砂を女性に定期的に送り、支援を続けている。

現在、塩田は東京都八王子市内の賃貸マンションで、地元の老舗の飲み屋で働いていた2歳年下の元美（塩田は「もっちゃん」と呼んでいる）と同棲している。

ある夏の日、塩田の自宅を訪ねると、もっちゃんが、カレーを作って出迎えてくれた。トイプードルの花子がしっぽを振って玄関までタタタタと駆けてくる。2カ月前に塩田家にやってきたばかりの子犬だ。

キッチンでカレーを温めながら、もっちゃんは嬉しそうに塩田との馴れ初めについて話してくれた。

「卓ちゃんは、私が勤めていたお店の女の子相手に、1人で延々とオゾン脱臭機の話をしていたんですよ。最初は何かよくしゃべる人で、わけのわからない話をずっとしてるなと遠目で見て思ってたんです。卓ちゃんのやっている仕事は、テレビでは見たことがあって、一応知ってはいたんです。でも、なんかすごく怖いイメージがあった。でも、卓ちゃんは優しい人なんですよ」

もっちゃんは、塩田を愛おしそうに見つめながら、そう語った。2人は何でも腹を割って話せる関係だ。

「卓ちゃんって、本当にいつも仕事の話しかしていないんです。今日の現場は、太ってる人だったのかな、体液がすごかったよ、とか。やっぱり聞いていると孤独死は、つらい。自分にも親がいるから高齢者の話もつらいけど、若い人の話はもっとつらい。仕事をしていても、孤独死しちゃう。でも、逆に私の生き方はどうなんだろうって思うんですよ」

「孤独死する人に共通するのは、本人が孤独だったり、親族と疎遠だったりというのがやっぱり大きいよね。人が社会を作ってるわけだから、身近な縁を大事にしていかないと。世の中おかしくなってるよね」

社会から、人から必要とされることが嬉しいと、塩田はもっちゃんの言葉に納得しながらそう応じた。だからどんなにハードな仕事でも引き受ける。その姿勢をもっちゃんはなるべく尊重するようにしている。

塩田は、仕事が終わると、必ず帰宅時間をもっちゃんに知らせて、その時間に合わせて、湯船に熱い湯を溜めておいてもらう。

作業が終わると、薬剤で体中を拭いてから車に乗るが、もちろん、それで体中に付着した死臭が取れるわけではない。そのため、塩田は帰宅すると、まず服を脱いで、浴室へと直行する。人の体液の臭いは、髪の毛から洋服まであとあらゆるものに付着する。そのため、臭いの付着した衣類を洗濯機に入れ、ハイター（漂白剤）と業務用の洗剤を入れてボタンを押す。業務で使用した服は、必ず2回は洗濯機を回す。1回では臭いがなかなか取れないためだ。シャワーを浴びて、臭いの残りやすい鼻の穴の中まで洗浄してから、ようやくご飯を食べる。

「父親の虐待が、大きかったからね。オヤジにまともに飯を食わしてもらった記憶がないんです。オヤジが怖くて、東京から親戚の住む福島県いわき市までチャリで逃げていったことあるし。だから、虐待がトラウマで孤立して、追い詰められている人の気持ちはわかるよね」

　隣でもっちゃんも頷いた。

「私はね、そんな卓ちゃんの生い立ちを聞いてから、だからこそ、卓ちゃんにはこの仕事ができるんだなと思ったの。卓ちゃんって、いい意味でその状況を客観視できて、優しいところもある。その距離感があるから、この仕事はすごく合ってるんじゃないかなと思ってるよ」

「そうだね。特殊清掃をやっていると、この人は、今までどうやって生きてきたのかが、垣間見えるんだよね。一番大事なのはそこで、自分自身の生き方を考えることだと思う。この仕事は現場が往々にして自分に色々なことを教えてくれる」

　もっちゃんの心配事は、塩田のあまりに多い仕事量だ。孤独死が多発した２０１８年の夏は、４カ月ぶっ通しで朝から晩まで仕事をしていた。いつか倒れるのではないかと気が気ではない。

「卓ちゃんに電話すると、車に乗った瞬間に今こっち、３時間後にはあっちって、いる場所がめまぐるしく変わっているの。家に全然いないよね」

「寝るか、移動してるか、仕事してるかだからね。休憩さえなかったりご飯も食べなかったりする」

「ほんとに？」

「だってこの間だってさ、朝の4時に起きて、3現場やって、八王子でオゾンかけてるときに、埼玉県の南越谷で大量出血した物件があるから、拭いてくださいと言われて、作業が終わったのが朝の4時半だった。24時間30分働き通し。次の現場が千葉県の市川だったから、1時間半だけ寝てまた仕事に行ったよね」

塩田の1日は朝4時に起きて仕事に行き、夜9時には布団に入る。手がけるのは、東京、埼玉、千葉、神奈川といった主に関東エリアだが、遠方の場合、車中泊をしたり、夜通し作業を行ったりすることもある。呼ばれれば、大阪まで行ってトンボ帰りもする。

「仕事が落ち着いたら秋ぐらいに、旅行に行きたいね」

塩田はテレビを見ながらそうつぶやいた。

「そうだ、九州とか、良くない？　温泉に入ってさ。俺、九州は行ったことないし、食べ物もおいしそうだよね」

「いいね、九州行こうよ」

もっちゃんは、テレビを見ながら、遠目のままそう返す。それがいつになるのかわからないのは、もっちゃんも重々承知だ。第一、こうやって昼間一緒にいるのも、数カ月ぶりなのだ。塩田はあっという間にカレーを平らげた。また、この後、もうひと現場こなさなければならない。その合間にも、電話がひっきりなしに鳴る。

「あ、電話だ」

それは不動産屋からの電話だった。東京・赤坂のアパートで孤独死が起きて、臭いを一刻も早く消して欲しいという。電話口の男性は慣れていないらしく、突然の事態に慌てふためき、狼狽《ろうばい》しているようだ。塩田は、そんな男性に対して、安心させるようにゆっくりと言葉を返す。

「はい、脱衣所で男性が孤独死されたんですね。その物件の警察の立ち入り許可は下りていますか。特殊清掃は、ただの掃除ではなくて、状況によっては、床を切ったりする作業が入ることもあるんです。例えば脱衣所だと、壁際に背中をくっつけて亡くなったりすると、ボードを全部剥がすこともあります。臭いの元をふさいだり、取ったりします。クッションフロアの下のベニヤが黒いようでしたら切らなきゃいけないし、その下まで漏れてる場合は土間も清掃することもあるんです」

男性は、塩田の説明に少し落ち着きを取り戻したようで、翌日の早朝に見積もりに来て欲しいと依頼して電話を切ったという。

トイプードルの花子は、いつの間にやらスースーと寝息を立て始めていた。

「お前は、楽ちんだな。特殊清掃の現場、一緒に行くか？」

塩田は薄目を開けてあどけない表情をする花子に、穏やかな優しい目でそっと笑いかけた。窓の外を見ると、灼熱の太陽が、いくぶん和らいでいた。

第3章

孤独死社会をサポートする人々

日本社会が、がらがらと音を立てて内側から崩れつつある。特殊清掃の現場は、その末端現象として、それを如実に鏡として映し出している。しかし、そんな危機感を持っているのは、決して特殊清掃業者や遺族だけではない。さまざまな人間が無縁社会の真っただ中に置かれている。まさに、孤立という病は避けようのない大波のように日本社会を呑み込もうとしている。

この章では、がけっぷちの日本社会を取り巻く、縁なき人々とその周囲の人々を追った。

ちぎれた肉片を集める警察官

「内臓があれば、遺体はどんどん腐敗していくから、胸なんかは腹部からくる。でも、最初に腐敗するのは目ね。目ん玉は水分で覆われてるでしょ。どんどん水が抜けてっちゃう。目は粘膜の薄いところだから、蝿が卵を産みつけやすいの。そこから蛆が湧いてくる。蛆っていうのは、尺取虫みたいに伸び縮みするからさ、警察は、蛆が体を伸ばした時にサッと大きさを測るんだよ。ピンセットで動く蛆を押さえつけながら、蛆の大きさで遺体が死後どのくらい経っているかを推定するの。これ、何回目の卵だろうって考えながらね」

警察OBの菅原紘一（仮名）は都内の喫茶店で、孤独死現場について雄弁に語り出した。指で蛆が伸び縮みするポーズを作ってみせる。警察官だった菅原にとって、人が孤独死した場所はある意味、慣れ親しんだ現場だ。

孤独死が起こった時に、凄惨な現場にもっとも早く立ち会うのが警察官だ。菅原は、白髪まじりの頭に時折手をやりながら、思い出したように鋭い眼光を虚空に放った。

彼は、これまで多くの孤独死現場に立ち会ってきた。警察が扱う事案の中でも、体感としてだが、孤独死は年々増えてきていると菅原は言う。

「警察が扱う事案の中で、孤独死は多いよ。1人で生活している人は、亡くなってもすぐに見つかればいいんだけど、往々にして日にちをおいて見つかることが多い。下手すると、仏さんというのは夏場で1日から1日半、冬場でも4、5日で腹部に青藍《せいらん》色《しょく》が出てきて腐敗が始まったのがわかるんだよ」

「冬場でも4、5日なんですか」

「だって血液の循環が止まってから、すぐに人間の身体は腐敗してくるんだよ。冬場にヒートショックとかで、お風呂で溺死するじゃない。種火がちょっと点いてるだけで、湯温が下がらないから、身体の脂が溶けて、風呂の湯に油の膜を張ってくるの。

下手すれば、トロトロに溶けだしちゃったりもする。だから、遺体を上げる時には、慎重にそーっと扱わないと、一気に崩れちゃったりもする」

特殊清掃現場では遺体を見ることはないが、警察は一番に遺体を運び出す。時にはちぎれた肉片を拾い集め、髪の毛も集めるのだ。

「新米の警察官なんて、まともに遺体なんて見られない人も多いからね。だって腐敗臭なんてほんとひどいから。お線香を焚《た》こうが、体中、鼻の穴までくっついちゃう。家に帰ってシャワーを浴びても、女房から『お父さん今日へんなの扱った？　なんか臭ってるよって』って言われることもあったよ。自分では気がつかなかったけど、わかるんだって思ったね。何度経験しても、腐敗した死臭は慣れないよね。1回現場に行って、休憩してまた戻ると、そこで大抵ウッと吐き気がくる。でも現場で吐くわけにはいかないから、ぐっとこらえるけどね」

「最初に行くのはどなたなんでしょう」

「通報があると、まずは交番のおまわりさんが現場に行くでしょ。その後、所轄の強行犯係と鑑識係が一緒に行く。それで、現場に入って、現場の状況と仏さんの具合を見るの。その後、死体の衣類をとって裸にさせる」

裸にするのは検死のためだろう。

「だから、孤独死にならないほうがいいよ。女性だろうがなんだろうが全部裸になるからね。服を脱がせて、その場で傷があるかどうか、事件性の有無を全部確認するんだよ。それで、外傷もない、争った跡もないとなれば、初めて葬儀社を呼ぶか、警察の車両で移動になり、その後、法医学者に視てもらって死因を判断してもらうという流れだね」

菅原が一番つらかったのは、飢えによる孤独死だ。男性は、餓死してゴミの中に埋もれて死後2週間が経っていた。胃に固形物はひとかけらもなく、体はミイラのように干からびていた。

孤独死が起こると、大家やマンション管理会社は警察を呼ぶ。警察は届けてあった住民票から遺族を割り出し、遺体の引き取り手を探す。金銭的に裕福なら、基本的に遺族が引き取ってくれる。しかし、遺族が生活保護受給者だったり金銭的に余裕がなかったりすると、遺族に引き取りの電話をしても、「こちらは何十年も会っていませんから」などと、渋られてしまうこともあるのだ。

「仏さんが生前に疎遠になっていたと感じるのは、家族に連絡するときだね。連絡する親族は、兄弟や元妻というケースもある。電話をすると、離婚しちゃって、『夫とは、長年会っていませんから知りませんよ』と言われるのが多いかな。本来奥さんも子供もいるんだけどね。それも全然接触してないから、そんなこと言われても、となる。妻や子供がいない場合は、従妹とか、甥っ子にまで連絡しなきゃいけないときもあるよ」

菅原自身は、孤独死自体は止めようがなく、これから急増するだろうと確信している。そして、引き取り拒否も増えるだろうと見通す。

「よく感じるのは、なぜ孤独死になるかというと、結局は家族関係の消滅ということだよな。大家族から、核家族になって、一人暮らしが多くなった。だからといって、1人で住んでいる人たちにもっと家族と仲良くしなさいと言ってもうまくいかない。厳しいよね」

そのつけを払うのは、行政だ。近年あまりの孤独死の取り扱い件数の多さに、そのうち行政も音を上げてくるだろうと、菅原は内心感じているという。

遺品は段ボールいっぱいのラーメン

菅原の言うように、生前から疎遠で、なおかつ親子の軋轢を抱えている例は決して珍しくない。むしろ、ありふれている。

その典型的な例が、徳山一志（56歳・仮名）の父のケースだ。

2017年の冬——。北風吹きすさび、いてつくような寒さの中、自動車メーカーに勤める徳山は、まさに父親の孤独死現場に立ち会っていた。

「家内とゆっくりしていた土曜の朝に警察から電話があって、お父さんが亡くなったっていうんですよ。しかも捜査1課からなんです。殺人事件を手がける部署ですよね。とにかくびっくりしましたね」

埼玉県に住む徳山は、父親の聡（仮名）が74歳で孤独死したという千葉県のアパートにたどりつくと、現場を見回しながらそう興奮気味にまくし立てた。

そのアパートは、この日、特殊清掃と遺品整理が行われることになっていた。遺品整理・特殊清掃を手がけることになったのは、リリーフ千葉ベイサイド店の笠原勝成（49歳）である。部屋に入るなり、手際良く布団を折りたたみ、辺りを清掃していく。近所に住む人たちが数人、どこからか、わらわらと集まってきて、ヒソヒソ話をしている。すでに、聡が孤独死したことは近隣に知れ渡っているらしい。

築30年は下らないと思われる古びたアパートは、日当たりが悪いせいか、寒々しく、ガタガタと足の方から底冷えしてくるのがわかった。室内はガランとしていて、極度に物が少ない。ふと、キッチンのガス台に、ラーメンが鍋に入ったままの状態で置きっぱなしにされているのが目についた。

それが聡の身に起こった出来事を伝えていた。鍋の中のラーメンは、縁が黒く焦げ、水分は失われ、麺だけがカラカラになって銀色のアルミにへばりついている。シンク脇の冷蔵庫を開けて見ると、空っぽだった。父親は、玄関の方に助けを求めるように手を伸ばして、キッチンで突っ伏して亡くなっていたのだという。ガスの火は安全装置が作動して、しばらくしてから自動停止したのだろう。

その日も、いつも通りインスタントラーメンを作ろうとしたが、心臓マヒという突発的な異常に見舞われ、そのまま倒れてしまったということが、現場の状態から一目でわかった。

その日、息子の徳山は、たまたま仕事が休みで、妻と趣味のウォーキングか温泉でも行こうかと話していた。そんなときに、警察から遺体を引き取ってくれと電話がかかってきたのだ。

父の聡は、かつては大手自動車メーカーに勤務し、製造ラインで自動車の部品を作っていた。しかし、いつしかアルコールに溺れるようになり、複数の飲み屋などにツケを抱え、消費者金融に足繁く通い借金を作るようになる。しまいには住宅ローンの返済も滞るようになった。

一家の家計は火の車となり、聡と妻は33年前に離婚。当然ながら、徳山自身、父親に関する良い思い出は全くない。両親の離婚以後はずっと音信不通だったため、他人同然だという。降って湧いたような突然の父親の訃報に徳山は困惑を隠せなかった。母親はとうの昔に離婚しているので、実子で長男である徳山に警察から連絡がいったのだが、その事態を理解するまでに、少し時間がかかったという。母親も元夫の死を後ほど知らされたが、あからさまに関わりたくないと言う。徳山は、父親の最後の不始末を自分が引き受けるしかなかったと言う。

「だって、今まで散々家族に迷惑をかけてるんですよ。オヤジに対して、心情的には恨みつらみだけしかないんですよ。全く良いイメージがないですからね。だからできるだけ関わりたくなかったんです。どこかで借金しているかもわからないしね」

通常、孤独死が発覚すると、警察は菅原が前述したように、徹底的に身内の連絡先を調べ上げ、実子だけでなく、甥や姪までもいとも簡単に突き止め、遺体の引き取りを求めて連絡をしてくる。縁遠い甥や姪にしてみれば寝耳に水というわけだ。

徳山の父親は晩年、年金生活だったようだが、最後まで飲み歩く生活はやめられなかったらしい。自炊もできず、家で作る食事はラーメンだけという不摂生な生活を送っていたことが遺品から浮かび上がってくる。遺品整理の際に押し入れから出てきたのは、段ボールいっぱいの、あの袋入りインスタント麺だった。

孤独死の親を葬る代表的コース

「このキッチンの床に、オヤジは目を見開いた状態で倒れていたみたいです。ほんと、毎日ラーメンだけの生活だったんだなぁ……」

ため息をつくように、徳山はポツリとそうこぼした。その荒れた食生活からは、セルフネグレクトになっていたのが明らかだった。

たまたま真冬の時期に死後1日で近所に住む親族に発見されたため、かろうじて遺体の腐敗は進行していなかった。体液なども、どこにも見当たらない。それが、せめてもの救いに思われた。これが真夏となると、また状況は違ってくる。何日も遺体が発見されず、床下まで体液が染み込むなどすると、清掃費用が跳ね上がり、優に100万円を超えることもあるからだ。

そして、こうした費用の負担を巡って、遺族と大家がトラブルになるケースも近年頻発している。さらに悪質なのが、後払いであるのをいいことに、親族が費用を払わずに、そのまま逃げるケースだという。

徳山は、知り合いの葬儀社の提案で、火葬から納骨までを一括で依頼できるコースを選択した。父親の骨が火葬場から最後にどこにいったのかは知らないし、その先には興味がないという。

「今回は、今まで体験したことのない火葬をしましたよ。こんな簡素な火葬の方法もあるんだと初めて知りました。オヤジが死んでホッとしたというのが正直な心境です。こんな面倒くさい死後のゴタゴタが全部、お金で解決できるなら、それでいいかなと思います」

これらの費用を徳山が捻出したたった1つの理由は、亡くなったのが曲がりなりにも実の父だったこと。ただそれだけに尽きるのが徳山の偽らざる心境だ。

親の遺骨がどうなろうと興味はない

しかし、これが現在の孤独死の遺族を取り巻く現実である。手がける孤独死のほとんどが、聡のような、離婚をして家庭崩壊となった男性だとする業者もいる。

徳山は言葉を続ける。

「昔のオヤジの勤め先の人に、オヤジが亡くなったって伝えたんです。警察の名刺を見せて『警察の世話になっちゃったよ』ってね。そしたら、『最後までほんとにあいつは世話をかけるなあ』って言ってた。自分でも、そう思いますよ。せめて、少しでもお金を残しておいてくれれば良かったのにと思いますね」

徳山は最後まで、死者を悼む言葉を口にしなかった。

葬儀社へ支払った埋葬代込みの費用は10万8000円、棺桶代と遺体保存用の冷蔵庫2日分を含んだ斎場代が1万9744円。家財道具処分費用が28万円、死体検案書3万5000円。その他にも、父親が滞納したクレジットカード代、アパートのハウスクリーニング費用など、もろもろ総計すると、60万円近くが最終的に徳山が支払った金額だ。

世間ではあまり知られていないが、孤独死すると問題になるのは、その清掃費用だ。通常、時間が経過すればするほど、物件へのダメージは甚大になる。近隣住民への被害の大きさも見逃せない。とある分譲マンションでは、体液が階下まで伝っていたため、下階の住民が数週間のホテル生活を余儀なくされたケースもある。また、隣人の家具や家財に死臭が付着し、引っ越しせざるを得なくなることもある。孤独死であっても、告知義務が必要な事故物件扱いとなり、よほどの好立地でない限り、資産価値が目減りする。何よりも、これらの高額な費用を巡って、大家と遺族が激しく対立するケースが後を絶たない。

孤独死すると、一体どのくらいコストがかかるのか、その見積もりをみてみよう。

ケース1　特殊清掃会社A社の見積もり　女性・60代／間取り2DK／千葉県
・遺品整理　60万円
・特殊清掃その他（オゾン脱臭含む）　60万円
計120万円
事情：高度経済成長期に建てられたUR都市機構の物件での孤独死。死後1カ月が経過。階段なしの4階で、家財が多かったため、その処分費用と人件費がかさみ100万円超えになった。

ケース2　特殊清掃会社B社の見積もり　男性・70代／間取り1K／東京都
・入室前作業　2万円
・遺品整理　34万円
・特殊清掃その他（オゾン脱臭含む）　24万円
計60万円

事情：築50年の賃貸アパートでの高齢者の孤独死。アパート自体、すでに入居者の募集が停止し、取り壊しが決まっている物件での孤独死だったため、遺族は清掃費用のみの負担となった。

世間ではあまり知られていない孤独死のコストだが、遺体の腐敗が進めば、特殊清掃の費用として、数百万円というケースもざらになる。負担を強いられるのは、相続放棄をした場合を除いては、まぎれもなく血縁関係にある遺族だ。

家族がいても孤独死でも火葬場は同じ

孤独死の火葬はどのように行われるのか。2016年8月、私は北関東のある火葬場で、孤独死の火葬に立ち会わせてもらうことになった。亡くなったのは鹿児島県出身の70代の男性で、都内のアパートで孤独死して引き取り手がなかったという。

茶毘《だび》に付される手引きをするのは、行政から委託された葬儀社の職員だ。彼女によると一般の火葬では亡骸《なきがら》は霊柩車で運ばれてくるが、孤独死や身寄りのない人の遺体は、ワゴン車の荷台に乗せられてひっそりと運ばれてくるという。

幸いにもこの男性は、腐敗は進行していなかった。場合によっては、蛆や虫まみれのことも多く、チャック付きの袋で厳重に密封された状態で棺に入れられて、そのまま火葬となるケースも多いのだという。つまり、棺を開けることすらできない状態というわけだ。

ワゴン車の荷台から棺が下ろされると、火葬場の職員が出迎える。ストレッチャーのようなものに乗せられて、一列に並んだ炉の前まで運ばれていく。あっという間にストレッチャーは到着し、葬儀社の職員と火葬場の職員が一礼をして、火葬が終わるのを待つ。

しばらく経つと、葬儀社の職員に、収骨室へ呼び出された。かなりの高温に達した台の上に、焼ききって跡形もないほどに崩れた骨が人の形に整えられていた。隣の部屋は、収骨室に入りきらないほど大勢の遺族で溢れ、すすり泣きの声が聞こえる。

家族に看取られた人も、孤独死をした人も、火葬は同じ場所で執り行われるからだ。骨を拾うのは、火葬場の男性職員だ。とても丁寧でありながら無駄のない動きで、夏場とあって大量の汗をかきながら、骨を一つずつはさみ、骨壷に納めていく。

「よければ骨壷を持ってみますか?」

あまりの手際の良さに見とれていると、葬儀社の女性職員にそう言われたので、骨壷を両手で持たせてもらった。それは意外にもずっしりと重く、まだ熱を持っていてじんわりと温かかった。両手で包むように抱えて、業者の車まで運んだ。共同墓地で合祀《ごうし》になるとのことだった。

孤独死後、遺族が遺体の引き取りを拒否した場合や、身寄りがない場合は、最終的に行政が納骨や合祀の費用も負担する。早い話、これらの費用は我々の税金から支払われることになるというわけだ。

猫屋敷を売却し、仏壇の水を取りかえる不動産会社社長

孤独死が起きると、事故物件になる。事故物件とは、殺人、自殺、孤独死など、自宅で人が亡くなった経歴のあるもののことである。

こういった訳あり物件を数多く手がけるのが不動産コンサルタント業の株式会社トータルエージェント代表、高木優一（47歳）だ。

高木の元には、自殺や殺人、孤独死、ゴミ屋敷などの事故物件がこれでもかとひっきりなしにやってくる。高木に言わせると、自殺や殺人と同じく、孤独死も現在ではれっきとした事故物件であり、告知義務の対象となる。特に分譲マンションなどだと、

孤独死が起こったことは、あっという間に近隣の知るところになる。高木は、まさにそうした事故物件をさばき、新生させるのが仕事だ。

「仕事は不動産屋なのに、社会問題に取り組んでいる感じですね。現場を見ると、この社会のひずみがわかるんですよ。こういう現状を世間にもっと知って欲しいですよ。大手なんか、事故物件とかゴミ屋敷を端《はな》から嫌う人もいるんですけど、なぜだか僕の元には、そういうやっかいな物件が回ってきちゃうんですよね」

高木が向かっているのは、東急東横線沿線で新横浜からもほど近い、初老の姉と弟が住んでいた高級住宅だ。数日後には取り壊される物件の最終チェックに行くというので、私も同行させてもらった。

もともと知り合いの司法書士に「ちょっとヤバい物件なんですけど、高木さんは大丈夫かと思って」と相談を受けたのだという。

問題の一軒家は東南角地で、広さは80坪を下らないことがわかった。鬱蒼とした樹木が生い茂り、そこだけ森のようになっていて、猫が何十匹も屋根に棲み着いている。室内は大量のやぶ蚊が飛び回り、数分もいると体のあちこちを刺されてしまった。家屋の中は、いたるところゴミで溢れていて、足の踏み場がない。こんな広い屋敷の中で、姉弟はひっそりと寄り添うようにして生きてきたのだ。

発見されたとき60歳過ぎだった姉は、その歳まで一度も就労経験がない引きこもりだったという。弟は肺と心臓が悪くて呼吸器を手放せず、やはり仕事に就けなかった。本来ならば、行政が手助けするレベルだが、高齢でないことからこの姉弟は、長年放置されてきたのだという。

高木がその物件に足を踏み入れたとき、2人は真っ暗な部屋の中、澱んだ目でゴミの中に埋もれるようにして座っていたという。

それまで親の遺産で何とか食いつないできたが、貯金も底をつきかけており、生活保護を受けたいが、どうしたらいいのかわからないと、高木に泣きついてきたのだった。高木によると、このように持ち家が資産とみなされて受給のネックになっているケースは多いという。高木は80坪の屋敷の売却を提案し、2人をそれぞれ団地に住まわせることにして、引っ越しの手続きにまで同行した。

「1日と15日に僕が仏壇の榊の葉と水をかえているから、1日と15日に僕から電話がくるものだと思っててね、と弟さんのほうに話してあるんです。不動産で利益が出たから、そのくらいはいいんですよ。だって、誰も相談する相手がいないんですよ。孤独なんです。親族もいないし、家ごと孤立していたんです。高齢者と違って、一見金銭的に自立しているように見える大人には、誰も手を差し伸べないから」

団地に住むには連帯保証人が必要だが、2人は身寄りがないため、高木がその役目を引き受けた。そして、2週間に1回は電話をかけて安否確認を行っている。2人の体調を気遣う高木は、福祉なんてそんな大それたものじゃないんですけど、自然と社会問題を手がけているんですよと、恥ずかしそうに目を伏せた。

終活のプロがレンタル家族になる最先端

孤立という病が社会をじわじわと侵食しつつある。特殊清掃が、その最後尾にいるとしたら、まさに、その最前列にいるのが、高齢者のサポートを行う終活専門団体だ。遠藤英樹（51歳）は、自らを〝レンタル家族〟と称し、家族の代わりとなって高齢者を手助けしている。介護施設選びから葬儀まで、トータルで対価をもらうが、実際は生前から疎遠で、血縁というだけでお荷物と考えられている家族の〝後始末〟を担うことが多い。まさに現代の姥《うば》捨て山という現象が起きているのだ。

「孤独死とか、孤立している人たちが、自分から助けてということは本当にまれなんです。一番多いのは、そういう人たちを抱えている、家族や兄弟からの相談ですね。疎遠になっている親戚っていませんか？　と問いかけてみるほうが、孤独死はなくなると思うんです。実際は周りの家族の困りごとのほうが多いんですよ。自分が孤独だから、終活の準備をしたいという人はほとんどいません。周りから疎遠であればあるほど、自分から終活はしないんです。しかし、いざ、介護や葬儀などが絡むとそういうわけにはいかない。私たちは、家族から密接には接触したくないと思われている人たちの受け皿、まさに〝レンタル家族〟になってるんですよ」

遠藤がサポートしているのは介護施設にいる兄をもつ、小林良子（仮名・61歳）だ。この日は、川崎駅前の喫茶店で待ち合わせた。良子は、20年以上会っていない兄から、突然、駅前で倒れたという連絡があって、慌てふためいたという。遠藤は、特に気を遣う様子もなく、単刀直入に切り出す。

「それでお兄さんが亡くなった後のことなんですけど、小林さんの希望は散骨ということですよね」

「そうねぇ。骨が残っても困るから、海洋散骨がいいんじゃないかと思って」

「散骨は業者がやってくれるんですよ。場所はどこにしましょうか」

「東京湾ですかね」

もう一度書いておくが、これは死後の話ではない。良子の兄は一度倒れて初期の認知症ではあるものの、病院から介護施設に移ると驚異的な回復力を見せて、ピンピンして生活している。しかし、妹の良子と遠藤はそんなことなどお構いなしに納骨の話まで、ざっくばらんに打ち合わせを進めている。その表情には安堵の笑みさえ浮かんでいる。

話はどんどん進んでいき、結局兄の死後は、管理のわずらわしくない海洋散骨を選択することになった。

「遠藤さんとお会いしたときに、死んだ後のことまでしてくださるって言ってくれて安心したんですよ。私たち兄妹だっていつ死ぬかわからないのに、兄だけずっと生き続けたら、どうしようって思ってたんです。遠藤さんは、私たちがみんな亡くなっても、兄のことをお骨にするところまではしてくださるっておっしゃるから。それだけでもう、何の迷いもなく遠藤さんにお願いすることに決めたんです。遠藤さんにはこうやって、細々《こまごま》とお世話いただいているんですよ」

良子は遠藤に心から感謝しているようだった。

良子は20年ぶりに会う兄が、誰だかわからなかった。10歳も年が離れていて、良子が中学生になったときには自衛隊に入隊して家を離れていたため、ほとんど話したこともない。アレルギー持ちで、幼少期には病弱だった良子は自分の病気のことで精いっぱいでもあり、家にいたときの記憶もなかった。特に愛情も憎しみもなく、最近まで、どこに住んでいたかも何をやっているかもわからなかった。ただ血縁というだけでそんな兄の世話を押しつけられるという事実に、一気に血の気が引いた。

「兄が倒れたと連絡があって、病院に行った時は、自分の兄なのかさえ、わかりませんでした。あれ、私、本当にこの病人のベッドにいていいのかなって思ったほどです。チラチラと顔を見ていたら、眉毛が特徴的だったんですよね。それで、あぁ、この人やっぱり兄だわと、ようやくわかったの。私、それまで違う人のベッドの横にいるんじゃないかと思ってたんですよ」

それからが大変だった。兄の住んでいたアパートの荷物を撤去して、引き払い、銀行の預貯金を引き出し、そこから介護施設の費用を捻出しなければならない。良子はそれを1人でやろうとして、ぐったりと疲れた。

「別に兄が憎たらしいわけじゃないんだけど、このままいったら限界だなって思ったんです。兄の住んでいた横須賀（神奈川県）のアパートに行くのに2時間かかって、帰りにも2時間かかる。通帳の引き出しか何かでハンコを取りに行っても2時間かかるんですよ」

何よりも心配なのは、退院後に兄の行き場がないことだ。自宅に兄の介護ベッドが並ぶおぞましいさまを想像して、良子は卒倒しそうになった。

「兄の病気が治ったときに、病院から追い出されたらどうしよう、うちに連れて帰るしかないのかしらって、思ってたの。リビングに簡易ベッドでも置くしかないのかなって途方に暮れていて、ケアマネさんに相談したら、遠藤さんを紹介されたの」

こんなこと、とても1人ではできない――。そう思っていたちょうどそのとき、遠藤が現れ、救われたと思った。それなら、すぐにお願いしようと思った。遠藤は、介護施設の手配から、人がいる。それなら、すぐにお願いしようと思った。生前から死後のあれこれまですべて引き受けてくれる

部屋の片づけ、葬儀の手配までその面倒の一切合切を引き受けることができる。いわば、遠藤は、介護施設と家族との橋渡し役になっている。

「遠藤さんと出会う前は、兄の部屋の布団を介護施設に宅急便で送って処分したりしてたんですけど、部屋からコンビニまで持っていくのも重くて、本当に大変でした。途中で嫌になってきたんです。遠藤さんがいれば、私が行かなくても業者さんの手配から何から全部、事が進む。私は片づけが終わったら不動産屋を連れて行って、ありがとうございました、で済む。それを私がやっていたら、今ごろ倒れてましたね」

「介護する側が早く亡くなるという話もあるくらいです」

「そう、友人のご主人の両親が介護施設に入ってからも、何度も夜中に電話がかかってきて、すごく大変という話はこれまで聞いていたんですよ。毎回、タクシーで行か

なきゃいけなかったというのを聞いて、これは介護を巡って殺し合いが起こってもおかしくないと思っていたんです。でも、それが全部私の所には遠藤さんからワンクッション置いてから来るので、本当に楽です」

現に介護施設からひっきりなしにメッセージが届くのは、良子ではなく、遠藤のスマートフォンだ。

〈下着や服の替えが欲しいので、買ってきてください〉〈今日、〇〇さんが失踪しました〉〈トイレブラシを買ってきてください〉

遠藤は、その中から必要な情報を取捨選択して良子に伝え、必要なものは遠藤が代行して買い出しも行う。

「気持ち的にすごく楽よ。もしものことがあっても遠藤さんがいるから、ちゃんと始末はしてもらえるから」

良子の口からは、躊躇もなく、〝始末〟という言葉が飛び出す。

「要介護者と親族が笑顔で接することが一番だと思います。ニコニコして介護できる状態を作るのが一番。100%満足する介護はないけれど、憎しみを減らすことはできる。最後は、親族もただ、故人にお疲れ様って言えるのが一番良い、と思うんです。これだけ人と人がバラバラになっている世の中で、今さらその関係を修復しましょうというのも、無理があるんですよ」

遠藤の言葉に良子も頷く。

「本当にそう。遠藤さんに間に入っていただいているから、こうやって笑顔でいられるんです。これを全部１人でやってたら、兄の顔を見るのも嫌になって、冗談じゃないわとなっていた。人間としての尊厳を守るためにも、常にニコニコしていたいのよ」

良子は、兄の散骨の手配をしてもらい、ホッと胸を撫でおろした様子だった。親族なのに冷たいと思われるかもしれないが、良子のようなパターンは、もはや遠藤にとっては、ありふれた光景だ。

「確かに介護施設とのやり取りなどは、本来ならば、家族がやることなんです。だけど、介護施設からあんなに頻繁に連絡がきたら、気持ちがやられてしまう。だからお金をもらって、同意を得て、代行しています。私たちはお客様にとって面倒くさいことを全部やる。お金は出す、ただ、面倒はみたくない。だから私たちのところにくるんです。裕福だけど、孤立している親族には関わりたくないという人が本当に増えています」

孤独死は、孤立者の最終地点だが、問題はその前から発生していると遠藤は言う。孤立している人が、認知症になったり病気を患ったりすると、親族がそれを引き受けることになる。

「でも、きょうだいと何年も疎遠だったり、本人のDVや借金で離婚問題が起こってそれっきりになり、もう関わりたくないという方が多いですね。私たちが思っている以上に、親子の軋轢が修復不可能で根深いことがあるんです。それでも親族というだけで、介護の役割を押しつけられてしまう。私たちは民生委員やケアマネにも関われない部分のクッションになっている感じです」

家族の手足となって動く遠藤が行っているのは、関係の歪みから生まれた一種の〝孤立ビジネス〟である。「終活」といえば聞こえはいいが、縁なき人々の〝後始末〟であり、特殊清掃業者が〝死後の後始末〟であるならば、遠藤の場合は〝生前の後始末〟に他ならない。

特殊清掃業者数がうなぎ登りで伸びているのと同様に、こういった「レンタル家族」のような終活ビジネスはますますこれから需要が増していくだろう。そして、遠藤のような疎遠となった家族の「面倒くさいこと」を「お金」で引き受ける業者は、まだ始まったばかりで試行錯誤が続いているものの、急増してくるはずだ。

確かに、遠藤が言う通り、糸が切れてしまった凧を探しあてるのが困難なように、一度絶たれた親族関係を今さら修復するのは不可能だ。逆に、孤立した親族の〝後始末〟をお金で解決したり、第三者の手によって処理できたりするというのは、追い詰められた親族の救いとなることもある。

しかし、私は遠藤のビジネスに、無縁社会の成れの果てを垣間見た気がした。

おせっかいが孤立を救う

親族の孤独死を経て、自らが孤立する者の支援にボランティアで回った人もいる。

神奈川県内で訪問看護師として働く山下みゆき（54歳）もその1人だ。

山下は、「さえずりの会」で、孤立した者の相談業務を行っている。下は10代から上は80代まで、山下の元には、さまざまな悩みを抱えた者が訪れる。また、孤立している高齢者や若者の自宅に積極的に訪問して、安否確認も行っている。相談に応える他、山下は持ち前の明るさで、人の心に入っていく。それには、山下のある悲しき経験が生かされていた。

山下は、２００５年に父親である光一を孤独死で失っていた。

2月の寒さがこたえる真冬――。山下は、ちょうど4日前に父親と電話で話をしたばかりだった。

福岡県筑豊地区――。かつて炭鉱で栄えたのどかな田舎町に山下が生まれ育った団地があった。築30年以上の古びた5階建てのその団地の1階に、父は義理の母と2人で暮らしていた。山下の両親は、幼い頃に離婚し、父は山下が中学生の頃に再婚。義理の母は長年、自律神経失調症とうつ病を患い、闘病生活を送っていた。父親が亡くなったのは、ちょうど、義理の母が精神疾患の治療で長期入院した数日後のことだった。

山下が3LDKの部屋の鍵を開けると、ツンとしたお香の匂いがするのがわかった。ドアを開けると、土間があり、リビングにはこたつ用の茶色のマットが敷かれ、その下にはペルシャ絨毯が敷いてあった。お香の匂いに混じって、酸味のある胃液臭が辺りを支配していた。

人参や大根の欠片《かけら》が混じった茶色の吐しゃ物が、こたつのマットの上に50センチ四方に散らばっていた。

和式のトイレは、なぜだか配水管のパイプが、無残にもスポリと外れている。そのため、あたりは一面水浸しで、便座の周辺は青いビニールシートで覆われていた。父は、真夜中にトイレに起きて、ヒートショックで心筋梗塞を起こしてしまったらしい。父はたまたま、上に住む女子高生が、夜中の2時ごろに「おーいおーい」と呼ぶ光一の弱々しい声を聞いていた。しかし、気のせいだと思い込み、それを親に伝えることはしなかった。

実際に上階の住人が冷たくなった光一を発見したのは2日後のことだった。光一はトイレで心筋梗塞に襲われ、床を這いずり回り、助けを求めてベランダのサッシに手をかけようとしたようだ。棚の上の茶碗やマグカップは粉々に割れて、破片が砕け散っていた。しかも、サッシはわずか5センチほど開けた形跡があった。看護師である山下はすぐに状況を察知した。

「キッチンの物を片っ端からなぎ倒した形跡があったんです。何とかリビングまで必死に匍匐前進で行って、誰か助けてという思いでサッシを開けようとしたけれど、力が入らなくて5センチしか開けられなかった。心筋梗塞が起こって、しばらくは生きていたはずだけど、暖房もつけてないから、低体温症も相まって死んでしまったんだと思う」

リビングにあった鏡台は不自然に傾き、カセットデッキは床に落ちていて、アンテナはくしゃりと折れ曲がっていた。光一は発作に襲われてから、部屋の中で、もがき苦しみながら死んでいった。その事実が、山下をどん底まで突き落とした。

冷蔵庫には、大量の透明のタッパーが入っていて、ドロドロに溶けて腐った総菜や、カビが生えている果物がぎっしり詰め込まれている。炊飯ジャーの中には、五目御飯が半分ほど入って、干からびていた。山下はあまりの惨状に泣き崩れた。涙が止まらなかった。

部屋の中を見回すと、20年ぶりに帰った実家は、モノ屋敷と化していた。何十年も住んでいたせいか、フローリングの一部は木の破片がささくれ立ち、その上をガムテープで何重にも補修してある。山下が兄と共に育った2段ベッドには、洋服や靴や食器などが天井までこれでもかと山積みになっている。父親はわずか6畳の居間に布団を敷き、寝起きしていたらしい。

「もともと父は、すごく綺麗好きでした。でも、家に上がってみると、普通の人が入ったらびっくりするような汚さだった。親なんだけど、正直この部屋の惨状は恥ずかしかった。足の踏み場がなくて、かろうじて、居間にテーブルを片づけてお布団を敷くところだけ空りてありました。動線は居間と玄関、トイレ、お風呂だけで、どこから手をつけていいのかわからないほどに、モノで溢れていた。とにかく大量のモノで塞《ふさ》がってるの」

生前の父は、山下の再三の反対にもかかわらず、精神疾患を抱えた義理の母との生活を続けていた。そして、料理、掃除、洗濯などの家事をすべて1人で担っていた。

「精神疾患の妻を抱えているという、外への恥があったのでしょう。最近は母の妄想癖もあって、酷くなっていたの。外で大声を出したり、店先にずっと立ちつくしたりするから、母は外に出せないし、家に人を入れることもできない。娘である私にも強がって相談できずに、徐々に孤立するようになっていったんだと思う」

　そして、義理の母の長期入院が決まった数日後、緊張の糸がぷつんと切れたかのように、父は孤独死してしまった。光一には１型糖尿病の持病があり、それはストレス性のもので、明らかに義理の母との生活が原因だと山下は感じている。

　片づけているうち、山下は光一が死ぬ直前に買った食品のレシートを見つけた。

「豆菓子とお茶っ葉が父の最後の買い物だった。あー、きっとこれ１人で食べたかったんだなぁ、でも食べることなく死んでしまったんだなぁと思うと、空《むな》しくて、悲しかった」

　医療者である山下にとっての死は、心電図の動きが止まり、医師からの臨終を告げられることである。だから、家の中で、誰にも看取られずにたった１人で亡くなった父の死は、まだ受け入れられない。

「どうしても、近所の人を責めちゃうの。なんでもっと早く踏み込んでくれなかったのって。なんで気がついてくれなかったのと。責めちゃいけないんだけど、人のせいにしたくなるの。今でもそれは消えない」

山下は、誰にも頼まずに1人で2カ月かけて父親の部屋の片づけをした。父親が吐いたマットを風呂場で手洗いし、ベランダに干した。吐しゃ物のついた染みは、いくらこすっても落ちなかったが、汚いとは思わなかった。火葬を行い、お骨を拾っても、父が死んだという現実感はなかった。エンジニアだった父は英語が堪能で、尺八や三味線が趣味で、優しい性格をしていた。

「部屋を片づけながら、父はなんでこんな亡くなり方をしたんだろうって何度も思いました。東芝や日立で企画立案をしたりして賞ももらっていて、昔はすごく輝いていた。それなのにどうしてこんなに壮絶で、悲しい死に方をしたんだろうって。亡くなった父親と、かつての父親がどうしても、結びつかない。きっと、私は認めたくないんだと思う。4日前に電話で話したばかりだったから、その時に福岡に行っていれば……という思いで、苦しくなるの。まるで私が父を死に追いやったような気がする。だからきっと父の死を受け入れたくないんだと思う」

父の死をきっかけに会を立ち上げる

毎日のように泣き暮らしたが、ある日、山下は、そんな父の死の体験を何かに生かしたいと思うようになる。

父の死から数年後、山下は地元の鷺沼《さぎぬま》（神奈川県川崎市）で、孤立している人たちに向けた「さえずりの会」を立ち上げた。さえずりの会は、少しでもにぎやかにして、孤立する人を少しでも減らしたいという意味がある。地区社協など、地域社会と連携を図り、父のように零れ落ちてしまいそうな人々を救い上げるのが活動の目的だ。

さえずりの会には、山下の父のように孤立状態から困難に陥った人の相談がひっきりなしに届く。セルフネグレクトから、孤独死までの道のりはあっという間だ。特に高齢者と違って、現役世代は、福祉の網にかかりにくい。一人暮らしでうつ病などの精神疾患を患い、そのまま仕事に行かなくなり、何カ月も経ってから発見されるという例が後を絶たない。山下は、孤立する人たちの支援を行うことで、なぜ、父親は孤独死したのかという疑問に向き合うようになった。そして、それに対して自分に何ができるのかを真剣に考えるようになった。

中には低所得者だけでなく、億ションと呼ばれるマンションに住む富裕層の男性もいる。誰もが寂しくて、誰かと繋がりを求めている。それは、子供がいても、お金があっても変わらない。精神的な孤独を抱える者にも、山下は寄り添い、定期的に自宅を訪ねるなどして、話し相手になっている。

民間のシンクタンクであるニッセイ基礎研究所が２０１４年に出した「長寿時代の孤立予防に関する総合研究〜孤立死３万人時代を迎えて〜」は、日頃のコミュニケーション状況をアンケート形式で各世代から聞き出したものだ。それによると、全国では、ゆとり世代が66万人、団塊ジュニア世代で１０５万人、団塊世代で33万人、75＋世代（75歳〜79歳）で36万人が、社会的孤立が疑われる状況にあるというのである。

これらの４世代を合わせると、２４０万人という数字に膨れ上がる。

しかしこの２４０万人という数字は、ゆとり世代を23歳〜25歳、団塊ジュニア世代を39歳〜42歳というように、限られた年齢に絞ったものなので、それ以外の年齢は含まれていない。

そこで、このニッセイ基礎研究所の調査をもとに私が独自に行った概算によると、我が国において、約１０００万人がさまざまな縁から絶たれ、孤立していると推測されることがわかったのだ。特に２０１９年現在の30代から40代後半に至っては、10人に３人が独身であり、きょうだいも少なく、一人暮らしをしていて、孤立しやすい状態にある。

山下は、そんな現役世代の孤立にも目を向けるようになった。

重度の糖尿病でも、毎朝ファミレスでとんかつ

ある20代の男性は身寄りのない一人暮らしのうえ、発達障害の傾向がある。かろうじて食器洗いの仕事をしているが、部屋はすぐにゴミ屋敷に陥ってしまう。山下は、男性に就労支援を行い、安否確認を兼ねて、毎朝電話している。そして、半年に1度は大掃除を手伝っている。男性は、そんな山下にだけは心を開き、職場の困りごとなどを相談するようになった。

これは、すべて山下が病院の仕事の合間に無償で行っている活動だ。

「おせっかいって大事だなと思うの。日本人って、子供に迷惑をかけるとか、そういう気持ちが仇となっちゃう。助けてとか手伝ってとか遠慮なく言ってくれたほうが良いの。そうしないとわからない。私の父親のように、元気だと装われるとわからない。支援する側も、声をかけるというだけじゃなくて、ちょっと違うなと思ったら部屋に入っていくとか、介入することが大事だと思ったの。父の死から、もっと孤立している人たちには介入しないといけないんだって思った。女性よりも男性の方が孤独の人って圧倒的に多いから、孤立しないように提案もしている。自分から関わっていかな

きゃ、相手は関わってくれないから」

現在、山下は父の孤独死の体験を活かすために、訪問看護師として、「ゴミ屋敷の住人とも積極的に関わるようにしている。もっとおせっかいを焼いていれば、父の異変にも早く気づけたかもしれない。父のような人が世間にはごまんといるはずだ。そんな思いが、山下を突き動かしている。

今、受け持っているのは、糖尿病を患っている河合千代（仮名・70代）だ。計測器の針が振り切れるほどに血糖値が高くなったことがあり、路上で倒れているのを発見されて、救急搬送された。

それ以降、山下は、千代を数日おきに訪問して、血糖値を測ったり、薬を服用させたりするなどの訪問看護を行っている。

千代が住む埼玉県の3LDKのマンションは、幾層にもゴミが堆積した足の踏み場がないほどのゴミ屋敷で、ドアを開けると、すぐにツンと異様な臭いが鼻についた。奥にあるキッチンは、もはやたどりつくことすらできないほどに、ゴミで溢れていた。

千代は風呂にも入らず、同じ洋服を毎日着ているせいで、お尻のあたりは生地が摩耗して、下半身の一部が露出している状態だった。常時おむつをつけていて、排泄すると口の開いたビニール袋の中に放置してしまう。部屋のいたるところに糞便にまみれたおむつが無造作に置かれ、この世のものとは思えない凄まじい悪臭を放っていた。俗に言う、典型的なセルフネグレクトだ。

山下は、千代のセルフネグレクトについてこう語る。

「いつか父のように家の中で倒れて、孤独死しているんじゃないかと気になって仕方ないの。私たち医療者が訪問できるのは数日おきなので、毎日様子を見に行けるわけじゃない。一番の心配は、偏った食生活による急死ですね。マンションのすぐ近くにファミレスがあるんですが、河合さんは毎朝、ファミレスでとんかつやハンバーグを食べているみたいなんです。そんな不摂生をやめようとしないから、血糖値が一気に跳ね上がる。高血糖の発作がいつ起こって、意識障害で倒れていてもおかしくない、危険な状態になっているんです」

千代は大学卒業後、都内で秘書として働き、定年まで勤め上げた。いわば、バリバリのキャリアウーマンだ。３ＬＤＫのマンションは持ち家で、ローンは完済している。独身で一人暮らし。きょうだいはいるが、ゴミ屋敷ということもあって誰も彼女に関わろうとはしない。年金の中から好きなものを食べたいときに食べて、買いたいものを買う。そんな生活がたたって、深刻な糖尿病を患って数年が経過していた。

最近ではマンションのゴミ置き場に行くことすら面倒とあってか、汚物のついたおむつが入ったゴミ袋を共有フロアに置きっぱなしにするようになった。あまりの異臭に、同じマンションの住民からの苦情が絶えない。それを耳にしたマンションの管理人がしぶしぶ撤去するという日々が続いているのだという。

さらには、千代は極度の買い物依存だった。テレビショッピングやポストに投函されたチラシを見ると、衝動を抑えられずにすぐ電話して購入してしまう。しかし、商品がいざ届くと興味を失って、中身も開けずに箱ごと放置する。その繰り返しによって、部屋は未開封の段ボールや、新品の洋服、家電などで溢れ返り、ゴミ屋敷に変貌していた。

山下は、モノで溢れたゴミ屋敷に、父の幻影を見る。

「バッグや洋服を買ったり、靴を買ったり。それで一瞬は心が満たされる。テレビショッピングとか、視覚的なものに刺激されて、どんどん際限なく注文してしまう。でも、捨てられずに部屋の中にモノが溜まっていく。その繰り返しでゴミ屋敷になってしまう。女性も家電製品が好きなんです。可愛い色の新商品が出たりとか、パステル系の家電を見るとつい欲しくなって、持っているのに、2個も3個も購入してしまう。父の部屋にも同じような鍋が、3つも4つもあったりしました」

訪問看護師の奮戦

千代は孤独死寸前のセルフネグレクトから、かろうじて救出されていた。

ある日、食事配達業の男性が訪問した際に、崩れ落ちたゴミの中に埋もれ、圧迫骨折を起こして、その場から動けなくなってもがいている彼女を発見した。そのまま放置されていたら、孤独死してもおかしくはなかった。

「水道の水でいいから、ペットボトルに入れて今すぐちょうだい」

苦しげにうめきながら、必死の表情で、男性に水を求めた。

「それでガブガブ飲んで、ギリギリ何とか生還したみたい。かなりの体重がある方なので、ドスンと座って、そのままゴミに埋もれて、骨折してしまったの。身動きが取れなかったらしく、皮膚がただれていて、褥瘡《じょくそう》もできていました。すぐ病院に搬送されたのですが、骨折が治るとまた病院から自宅に戻されてしまい、結局、今もゴミ屋敷で生活しています」

一番のネックは、本人がそんな生活に問題があるとは思っていないことだ。

「うちの父も同じだったと思うのですが、ゴミ屋敷に住んでいる方は、まずゴミをゴミとは思っていないんです。彼らにとっては、ゴミではなくて、すべてが宝物なんです。河合さんは、『私なんて、いつ死んでもいいのよ』と言いながら、自分の身体を痛めつけるような高カロリーのものを好きなだけ食べる。ある意味本人にとっては、それが幸せなのかなと思うときさえある。でも、それでは医療者としては良くないから、糖尿病の注射をしたり、自分でもコントロールをしたりできるように、何度も訓練をしてもらう。でも、結局それは一時的なもの。最後は本人の自覚というか、認識にかかっているので、そこがセルフネグレクトという問題の根深いところ。それには、私たちのような医療者も含めて、誰かが常時介入していくことが大切ですね」

頭ごなしに食生活を否定しても、さらに自暴自棄になり、拒絶されることも多い。そこで山下は、千代がぬいぐるみ好きで、テレビショッピングで買ったぬいぐるみに向かって話しかけているのを活用した。自分が好きなものに関しては、千代は目を輝かせて話してくれる。そんな些細な会話を取っかかりにして、少しずつ信頼を得ることで、医療行為にも応じてもらっているのだという。

それでも、千代はかろうじて山下という繋がりがあるだけ、まだ幸せだ。

2016年10月、ゴミ屋敷の火災が大々的に報道された。

福島県郡山市で、地元でも知られていた有名なゴミ屋敷が全焼し、住民とみられる男性が死亡しているのが発見された。ただでさえ燃えやすいものが堆積しており、もし周囲に引火でもしたら、近所を巻き込んだ大惨事になりかねないところだった。

孤独死の大半を占めるセルフネグレクトは、失業や離婚、病気などさまざまなことがきっかけとなる。誰でもそのような状態に陥る可能性がある。だからこそ、山下は壮絶な父の死から、何かを学び、必死に人と人の縁をつむごうと日々、奮闘している。

第4章

家族がいてもゴミ屋敷に向かう

ここまで、家庭が崩壊したり、家族関係が希薄になったりして孤独死に陥った例を見てきた。だが、どんなに仲が良い家族がいても孤独死や、その寸前にまで追い詰められることが現代日本の現実としてある。社会は家族だけで成り立つものでないことを教えてくれる。

マンションから流れる謎の液体

深紅のヴィッツがこちらに向かってやってくる。いつも見慣れたおーちゃんの車だ。大きいお姉ちゃんだから「おーちゃん」だ。井上香織（仮名・42歳）は慌てて、車の前に立ちはだかろうとする。

「おーちゃん、待って！　お願い。行かないでぇ」

香織は力を振り絞って大声を上げるが、ヴィッツのスピードは全く落ちることなく、凄まじい勢いで香織に向かって突進してくる。

運転席に座っているはずのおーちゃんは、なぜだか顔が見えずに表情はうかがい知れない。ヴィッツは香織のことなど目に入らぬように、アクセルを踏みしめ、どこか遠く彼方を目指しているように闇の中に疾走していく。いつものおーちゃんなら、絶対にそんなスピードを上げたりはしない。一体なぜそんなにスピードを上げる必要があるのか、おーちゃんがどこを目指しているのか、香織には全くわからない。しかし、香織は、漠然ともう二度とおーちゃんとは会えないような気がした。

「おーちゃん、そんなに私のことが嫌なんだ。私を轢《ひ》いてまで逃げたいんだ……」

轢かれる‼　と思った瞬間、ハッと目が覚めた。全身に冷や汗をかいて、体が震えている。握りしめた手には、じっとりとした汗をかいていて、全身の汗を吸ったパジャマはベトベトになっていた。

――また同じ夢を見ちゃった。

香織はため息をついた。枕元の時計を見ると、5時前を指している。

ボーッとした頭で、ふと床に目をやると、白のカーペットローラーが無造作に転がっていた。おーちゃんの住んでいたゴミ屋敷の中から見つけたもので、これはまだ使えると思って、自宅に持ち帰ってきたものだった。

おーちゃん、今、どこにいるんだろう。おーちゃん、今、何してるの？

夜明け前の薄暗いマンションの中で、香織はぼんやりとそんなことを考えた。

香織の姉である井上明美（仮名・53歳）が失踪してから、2年目の夏が過ぎようとしていた。

中部地方の某市郊外――。国道沿いにポツリポツリとファミリーレストランやドラッグストアが建ち並ぶ、どこにでもある日本の地方都市の風景が続く。

緑の稲がそよぐ田んぼに太陽がぎらぎらと照りつけて、まばゆい光を放つ。通り過ぎるだけの人から見れば、のどかで単調で、あくびが出そうなほどの陽気に包まれている。

おーちゃんは3人姉妹の長女で、地元の高齢者向け病院に介護福祉士として勤務して、20年になる。現在独身。

明美と香織は11歳離れている。香織にとって、大きいお姉ちゃんだから、おーちゃん。次女の瑠璃（仮名）は、ちいさいお姉ちゃんだから、ちいちゃん。おーちゃんが大好きだった少女マンガの登場人物の愛称から取ったもので、物心ついたときから香織はずっと長女の明美のことをそう呼んでいた。

おーちゃんは20年にわたって、家族の誰にも知られずに、ゴミ屋敷の中で生活してきたらしい。「らしい」という、曖昧な表現になってしまうのは、一体いつからおーちゃんの家がゴミ屋敷になったか、正確には誰にもわからないからだ。

おーちゃんの住むマンションの管理会社から、保証人である父の清（仮名・85歳）のもとに1本の電話があったのは、２０１７年6月17日のことだった。清は、高校の元教員で、定年を迎えてからは、もっぱら近所の図書館に通い本を読むのが日課で、その日も車で向かおうとしていた。

「お宅の娘さんの住むマンションの廊下に液体が垂れていて、ご近所からクレームが来ている。すぐに来て、掃除して欲しい」

電話口の男性は少し困ったような声で、清にそう告げた。明美とは3カ月前に孫の太鼓の発表会を見に行った際に会ったきりだったが、その時は元気そうでいつもと変わりなかった。

妻の和子（仮名・77歳）が外出していたため、清は、まず末っ子の香織に電話をすることにした。

次女が同じ市内に住んでいたが、結婚して子供が3人いる。そのため、できるだけ面倒には巻き込みたくなかった。その点、香織は頼りにできた。香織は、20代の頃に離婚をしてからは独身で、個人病院に医療事務として勤めながら、実家の近くで一人暮らしをしている。休日にはよく帰ってきて、高齢となった自分たちの世話を何かと焼いてくれるのだ。

その日の夕方、仕事が終わったばかりの香織に事情を説明して、清と香織はおーちゃんのマンションに向かった。実家から車で15分ほどの場所に、おーちゃんの住んでいるレンガ模様のサイディングが張られたマンションがある。

おーちゃんのマンションの中まで入ったことは最近なかったが、毎年行く家族旅行や食事会などでおーちゃんをマンションの前まで送り迎えすることはあった。だから、家族の誰もが、1997年に建てられたその鉄筋コンクリートの4階建てマンションへの行き方を知っていた。

おーちゃんの部屋はマンションの1階角部屋である。

まず、目についたのは、部屋の入り口付近に放射線状に広がった液体だった。ドア下のわずかな隙間をつたって、共有廊下のコンクリートのほうにまで、まるで醤油をひっくり返したかのような黒々とした液体が、筋になって流れていた。

その液体は、タールのように粘り気があり、果たして油なのか血液なのか、香織と清には見当もつかなかった。

父娘は、これはただ事ではないと感じ、掃除道具を取りに一旦家に帰ることにした。バケツとモップと金ダワシを持って慌てて戻ると、2人で得体のしれない液体を何度もごしごしとこすり続けた。しかし、ゼリー状のドロドロとした粘着質の液体は、どんな洗剤を撒いてもなかなか落ちなかった。

その間に、香織は、おーちゃんの携帯に何度も電話した。だが、部屋の中にいるのかいないのか、留守電になって繋がらない。そこで勤務先に電話すると、おーちゃんは昨晩から夜勤のシフトで、早朝に職場を出たことがわかった。そして、翌18日のシフトは休みになっていた。

その日は、すっかり日が暮れてしまったこともあり、翌朝、再びマンションの掃除に訪れることにした。

——おーちゃんと連絡もつかないし、もしかしたら部屋の中で倒れているかもしれない。

そう感じた香織と両親は、翌日の6月18日の午前中には、最寄りの派出所へ相談に行った。警察官に事情を説明すると、緊急を要する事態かもしれないとのことで、昼過ぎには、刑事課所属の男性警察官2名と、管理会社の社員がマンションにやってきて、一家と合流した。

管理会社の社員が、警察官に鍵を渡す。管理会社によると、このタールのような液体はゴールデンウイーク頃から、徐々に漏れ出ていたという。見かねた近所の住人が管理会社に相談したが、物件の契約者の携帯に何度電話しても連絡がつかないので、やむなく保証人である清の自宅に連絡したとのことだった。

警察官は、鍵穴に合い鍵を差し入れて回して開けようとした。しかし、ドアノブの鍵は回らず、びくともしない。何か得体のしれない凄まじい力が向こうから押し返しているようだった。

なぜ、鍵が回らないのか、一同は首をかしげずにはいられなかった。そこでベランダ側のガラス窓に目をやると、ストライプ柄のカーテンが内側にある何らかの物体で圧迫され、ガラス窓の上部にまでベタリと張りついているのがわかった。恰幅の良い警察官は、何かにピンときた様子で、「こりゃ相当溜まってるなぁ」とつぶやいた。

警察官が「いっせーのせ」と全体重をかけながらドアを押し、何度も鍵穴を回した。すると「ガチャガチャ」という音がして、ようやくドアが開いた。そこには、想像を絶する光景が広がっていた——。

大人の胸のあたりまで積もっていたのは、カラフルなゴミの山だった。

ゴミは警察官がドアを開けた瞬間、ダムが決壊したかのように、暴力的に崩れかかってきた。それは、まさに怪物が不意の侵入者に対して、襲いかかる姿そのもののようであった。

母の和子は、後ろの方でその様子を窺っていたが、ドアの向こう側の光景を見るなり、あまりのショックでクラクラと一瞬、意識が遠のくのがわかった。膝がガクガクとして、体中の震えが止まらない。腰が抜けてしまい、思わずその場にへたり込んでしまった。

――明美、ほんとうに、毎日ここに帰ってきて、寝てたのかしら。お母さん、どうしてもっと早く気がついてあげられなかったんだろう。ごめんね、ごめんね、ごめんね。

心の中ではそう思ったが、それは発話されることはなく、うぅーという声しか出なかった。

和子はこの瞬間に、これまで色彩のあった世界が、突然プッツリと色がなくなり、視界がグレーに変化したのを感じた。この日の記憶は途切れ途切れで、断片的にしか覚えていない。

それほどまでに、目の前に広がる光景は、和子には受け入れがたいものだった。

香織はそんな母の様子を目の当たりにして、これ以上は見せられないと思い、「お母さんを車に連れて行って！」と清の腕を掴んだが、清もまるで人形のように呆然とその場に立ち尽くし、香織の声など聞こえていないかのようだった。

おむつと使用済みナプキンを残して失踪

部屋に入ると、ゴミの山の奥に白と紺のストライプのカーテンがちらりと見えた。もう何年、いや何十年も閉め切っているようでまったく空気は動いていないが、目が慣れてくると、カーテンの上に50センチほどの隙間があり、そこから薄ぼんやりと日の光が射し込んでくるのがわかった。そのかすかな明かりを頼りに、警察官は紺色のズボンをふくらはぎぎりぎりまでめくって歩みを進めていく。

滞留するゴミの山におもむろに足を突っ込むと、ベリベリベリ、ガギガギガギとい う、プラスチックを押しつぶすような音が小動物の鳴き声さながらに響いた。

玄関の左手がガス台のついたキッチン、右手がユニットバス、そしてキッチンの隣に8畳ほどの居間という、30平米ほどの1DKである。にもかかわらず、警察官たちは、未知の洞窟の中を探策する探検隊のようだった。

懐中電灯を持った警察官を先頭にして、一同はほぼ真っ暗な中を少しずつ前に進んでいく。キッチンのフローリングは一部が腐っており、恐らく玄関に流れていたのと同じ粘着質の液体によって、ビニール傘が張りついている。

ゴミの山を足で踏みしめると、なぜだかジャングルの沼地のようにぬかるんでいるのがわかった。何年も窓を閉め切っていたせいか、湿地帯さながらの水気を帯びて、不穏な静寂に包まれていた。警察官は慎重に足場を確認しながら、辺りを見回していく。

わずか5畳ほどのキッチンなのだが、歩みを進めようにも、溺れそうなゴミの山が立ちふさがり、行く手を阻んでくる。

一同がまず目にしたのは、ゴミの頂を降り積もった雪のように覆っている大量の使用済みおむつだった。おむつは、どれも真ん中が茶色く変色し、一部はよじれていた。そして、この世のものとは思えない強烈な悪臭を放っている。

使用済みおむつは、キッチンのシンクの上にも堆積していた。あまりに長期間放置されていたためか、汚物を吸収した中央部分の繊維がボロボロになって溶け出していた。尿なのか、便なのか、もはや判別もつかない茶色の汚物がついた綿がフワフワと露出し、中身が崩れ出しているものもあった。長期間放置されたものであることは間違いなかった。

キッチンには2ドアの冷蔵庫が放置されていた。ゴミに埋もれていない部分は白の塗装が剥がれ、前面が黄金色に錆びついている。

内玄関の左手に小ぶりの下駄箱があり、その横にはダークブルーの洗濯機が置かれている。洗濯機の横のわずかな隙間の一角には、おむつより一回り小さい布が繊維の山を形成していた。これは、何百個という使用済みの生理用ナプキンであった。

中央部が赤茶色に変色した生理用ナプキンは、パンティと接着する糊面が壁にペタペタと貼りつき、まるで自らの居場所を主張するかのように、1メートル四方のなだらかな山を築いていた。真っ白なそれは雪山の斜面と化して、洗濯機横の壁に貼りついていた。

その近くには女性の陰部のかゆみ止め薬剤である、フェミニーナ軟膏が落ちていた。おーちゃんが毎日おむつをつけて生活していたのだとしたら、陰部もかぶれて痒みを伴うことがあったのかもしれない。香織は、それを思うと胸が締めつけられそうになった。

おむつの下は、タンクトップなどの衣類や、洗濯用洗剤、ジュースのペットボトル、トイレットペーパー、はたまた、プラスチックのカラーボードなどがひしゃげて無残な姿をさらし、ゴミの中間層を築いていた。コンビニの袋に入った食べかけの弁当や、水分を含んだ段ボール、籐編みのピクニックバスケット、スーツケース、バケツ、ティファールの電気ケトルなどが、なだらかに積み上がったゴミの山頂あたりに無造作に埋もれていた。そのすぐ下には、「アテント夜1枚安心パッド」といったビニールに入ったままの未使用の大人用おむつや、ピンクや水色のパステルカラーの洗濯籠が頭を出している。洗濯籠の中に、通帳などの貴重品や普段使用していたと思われるバッグなどが放り込まれていた。

香織がゴミをどかして上蓋を開けると、病院の勤務服が湿ったままの状態で放置されていた。寸前までおーちゃんは、ここで洗濯をして、病院に出勤していたのかもしれない。浴室のバスタブの蓋はペットボトルや使用済みおむつなどのゴミで完全に塞がっていた。スーパーのお総菜の発泡トレーが天井まで届きそうなほど積み上がっていた。

何とか居間とキッチンを仕切っていたふすまにたどりつき、ふすまを開けると、壁紙いっぱいに、茶褐色のインクをはねちらしたような2ミリほどの斑点がびっしりついていた。

これは、ゴキブリの糞に違いなかった。壁紙は、大量の湿気を含んだせいか、ところどころペロンとめくれ上がり、灰色のコンクリートの基礎が剥き出しになっている。

天井にはエアコンの周りを中心に、そこかしこに蜘蛛の巣がだらりとハンモックのように垂れ下がり、茶褐色の巨大な蜘蛛が音もなく天井辺りをソワソワと這い回っていた。

8畳ほどの居室に足を踏み入れると、そのゴミの山の上を誰かが日常的に動き回っていた形跡があり、そこの部分だけ、発泡トレーは通常の何分の1にも圧縮されていた。

「井上さん、いませんかー」

警察官が大声を上げながら進んでいくと、ゴミの山の中央部にすり鉢状になった丸いくぼみがあるのがわかった。

おーちゃんは、昨日までここで生活していたに違いない。香織はそう直感した。おーちゃんは、このゴミの中で、少なくとも何年かは寝て起きて、病院に出勤していたのだ。

――こんなつらい状況を、きっと誰にも言えなかったんだ。私もずっと気づいてあげられなかった。本当にごめん。

そう思うと、香織は胸が締めつけられ泣きそうになった。

居室の奥の方に進むにしたがって、今度はコンビニの弁当の殻や、スーパーの総菜のプラスチックトレー、カレーライスのトレー、ドリンクのカップなど、食べ物関係の残骸が増えていく。

さらに、それらの不燃ゴミの山の上に、不意に新品の黒く細長い高圧洗浄機が、まるで勝者に与えられたトロフィーのように、にょっこりと場違いな感じで飛び出していた。なぜ高圧洗浄機が必要だったのか、何を思っておーちゃんが高圧洗浄機を買ったのか、香織も和子も全く見当がつかなかった。もしかすると、汚してしまったコンクリートの床を掃除しようとしていたのかもしれないが、使われた様子はなかった。

窓辺のカーテンレールには物干しハンガーがかかっている。ベランダ側のゴミは、あとわずか1メートルほどで、天井まで到達しそうになっていた。なぜだか使用された形跡のない赤い花柄のベッドマットが三つ折りで畳まれた状態で、ゴミの中から一部だけちょこんと頭を出している。

しかし、肝心のおーちゃんの姿はどこにもなかった。

トイレの観葉植物が伝えるもの

「これだけゴミがあるんだから、しばらくもうここには住んでなかったんじゃないの」

警察官が両手で山を掻き分けながら、誰に言うでもなしにそうつぶやいた。とても人が住める環境ではない、そう感じたのだろう。

一家の誰もがこの部屋を見て、そうであって欲しいと願った。こんな環境でおーちゃんが過ごしていたなんて、とてもではないが信じたくはなかった。

何とかゴミを掻き分け、トイレのドアを開けると、便器は何年も掃除すらされておらず、古い廃油のように黒ずんでいた。さらに便器の中の排水口にもビニール袋に詰まったゴミが投げ込まれていて、便座の高さまで、その周囲を使用済みのおむつが占拠していた。

タンクの手洗い口には、緑色のフェイクのポトスが置かれ、さらにその上の戸棚には、フェイクのミニサボテンや人工観葉植物が埃に埋もれていた。隣には、トイレクリーナーのプラスチックの箱が並んでいる。凄まじい部屋の状態にもかかわらず、便器蓋には、クリーム色のタオル生地のカバーがかけられているのが、ちぐはぐな感じがする。

香織は人工観葉植物は、この部屋がゴミ屋敷になる状態の前に置かれたものではないかと思った。おーちゃんは少なくともトイレを観葉植物で飾り、便器周りの掃除を行っていた時期があった。これは、ある時までは通常の生活を送っていたおーちゃんの心身に、何らかの異変や心境の変化があったと思わせる光景でもある。

和子はおーちゃんがマンションに入居したときに、思いを巡らせた。

そう、一度和子と清は香織と共にこのマンションを訪ねた記憶がある。20年前、あれはこのマンションにおーちゃんが入居してすぐのことだった。

一人暮らしを始めたのが嬉しかったのか、おーちゃんはすぐにこの部屋に招き入れてくれた。まだこのマンションが新築だった時のことだ。

その時は、おーちゃんは部屋を可愛く飾り、小さなちゃぶ台で手作りの昼食を振まってくれた。だから、和子も香織もその部屋と今のゴミ集積所のようなこの部屋とが結びつかない。今見ているこの世界は、悪夢さながらで、現実感に乏しかった。

家族の思い出の品がゴミに

和子はそのゴミの中から見覚えのある小さな箱を見つけた。

一家は、つい3カ月前にお誕生日会を開いたばかりだった。3月は、清と香織と明美の誕生日が重なることもあり、家族みんなで地元の和食のお店に集まって、和子は3人にそれぞれプレゼントを手渡した。

その時、和子が明美にあげたチョコレートの箱は、ベランダに近いゴミの山の中に、押しつぶされてへこんだ状態で埋もれていた。

他にも、いくつか和子の見覚えのある品があった。玄関の下駄箱の上にあった時計の置物は、おーちゃんが短大の卒業制作で作ったものに間違いなかった。茶色の枠にはまった、透明のガラスケースの中に、秒針が止まった時計と、青い如雨露《じょうろ》と、鉢植えの小さなミニチュアがあった。それは、まるでそこだけ時が流れていないかのように、ポツリと下駄箱の上に放置されていた。マンションに引っ越すときに、和子がおーちゃんに持たせたものだった。

結局、おーちゃんは、どこにもいなかった。そのため、清たち一家はおーちゃんの部屋のドアに、「連絡が取れず、心配しています。とにかく連絡をお願いします。よろしく」という文面の紙をガムテープで張りつけることにした。マンションの向かいに住む大家によると、警察の踏み込んだ18日の夜に、おーちゃんの部屋の明かりがついたのが見えたという。おーちゃんは、恐らくこの日、連絡が取れず心配しているという一家の張り紙を見て、貴重品だけを手に慌てて家を出たのだろう。部屋を見れば、警察が踏み込んだことも一目瞭然だっただろう。

部屋がゴミ屋敷であることは、おーちゃんにとって、誰にも知られてはいけない秘密だったに違いない。家族に知られたことから、きっともうここには居られないと思ったはずだ。

19日の朝の8時頃、実家におーちゃんから電話があった。電話を取った清に、おーちゃんは今にも消え入るような、か細い力のない声で「色々心配かけてすみません」と謝った。清は部屋のことには一切触れずに、「一度実家に寄りなさい」と優しくおーちゃんに話しかけた。しかし、「体調が悪くて、実家には行けない。病院も休む」と言って、すぐに電話を切った。

それが、清がおーちゃんと最後にしゃべった言葉だった。それ以降、おーちゃんの携帯電話は電源が切られているようで、家族がいくらかけても繋がらない。その日、午後には清と香織で近くのショッピングモールへ捜索に出かけたが、おーちゃんと出会うことはなかった。

20日、香織は朝5時からおーちゃんの勤務先の病院の駐車場で待ち構えていた。この日のおーちゃんのシフトは通常勤務のはずだった。しかし、いくら待ってもおーちゃんは勤務先に現れなかった。これはただ事ではないと感じた一家は、この日、警察に捜索願を出した。

それ以降、おーちゃんは、忽然とこの部屋と家族の元から姿を消し、仕事場である病院にも通勤していない。

6月下旬を迎えると、マンションをゴミ屋敷のまま放置するわけにはいかず、家族と清掃業者によって部屋の片づけが開始された。香織は作業中、思わず「こんなゴミの山って見たことありますか？」と清掃業者の男性に問いかけた。男性は依頼主に気を遣ったのか、「慣れてるので大丈夫ですよ」と取り繕ったような笑顔を見せた。

長靴姿の男性たちは、事務的に黙々とゴミを運んでいく。壁に張りついた生理用ナプキンの山をベリベリと剥がすとき、香織は思わず目をそらしてしまい、その様子を直視することができなかった。

——こんなことを男性にさせて、本当にごめんなさい。

そんな思いがこみ上げてきて胸が強く締めつけられた。

結局、おーちゃんが住んでいた家のゴミの総排出量は7トンにも上った。

清掃業者は掃除の過程で、6月20日が賞味期限になっているコンビニ弁当のトレーを見つけ出していた。失踪した翌日だ。これで、つい最近まで、おーちゃんがこのゴミの中で生活していたことは確実になった。アパートは7月には引き払われ、その後フルリフォームされて空室として貸し出された。

おーちゃんはこの部屋と職場から、忽然と姿を消したのだった。

失恋とゴミ屋敷

「ゴミ屋敷になった姉の人生を、ぜひ記事にして欲しい」と香織からメールで連絡を受けたのは、この騒動から丸1年が過ぎようとしていた6月の頭のことだった。私は、これまでにウェブメディアで、セルフネグレクトに関する記事を多数執筆していた。メールには、過去に私が書いたルポルタージュ記事を読んだ感想が書かれてあった。それは、ゴミ屋敷の中で長年生活していた母子を描いた内容で、当時、多くの反響が寄せられていた。

メールの文面は、姉が失踪して1年が経とうとしている。私たち家族の話を聞いてもらいたい、そして可能であればその内容を記事にできないかというものだった。何度かメールのやり取りをするうちに、一家がおーちゃんのことで先の見えない不安な生活を送っており、そのような状況を少しでも打開したいという思いがあることがわかってきた。

そんな香織の迫力に半ば押される形で、2018年8月初旬、私は一家の住む中部地方の某市を訪れることになった。それまで何度か香織とは電話で話したことがあったが、実際に会うのはこの日が初めてだった。

駅のロータリーで私を迎えてくれた香織は、清楚という言葉が相応しい、可愛らしい女性であった。童顔のためか、42歳という年齢よりもずっと若く見える。黄土色のニットのノースリーブのワンピースが、小柄でほっそりとした体形によく似合っていた。

香織の車に乗り込み、おーちゃんが20年以上勤めた友愛病院（仮称）に向かう。

道すがら、香織はこれまで溜まっていた思いを吐き出すかのようにしゃべり続けた。姉の部屋がゴミ屋敷になった原因を知ろうとして、セルフネグレクトの本を片っ端から読み漁ったこと、年老いた両親の精神状態が心配だということ、そして、姉の捜索が実を結んでいないこと――。

その年は近年稀にみる異常気象で、連日殺人的な猛暑日となっていた。雲一つない青空の下、灼熱の太陽が車のボンネットに容赦なく照りつける。香織はボーダー柄のアームカバーで指先まで覆い、黒のサングラスをかけてハンドルを握っている。車内のエアコンはフル稼働していたが、香織の額にわずかだが汗がにじんでいる。

マンションからおーちゃんが勤めていた友愛病院までは、車で15分ほどだった。シネコン系の映画館や、スパ系の大きな入浴施設が点在する国道を走ると、丘陵《きゅうりょう》を切り開いたみかん畑に出る。その頂の、看板を掲げた白漆喰の建物が友愛病院だった。聞けば、介護保険による高齢者の療養型病棟も併設していて、慢性病の高齢者のために100床以上を有しているという。地方都市によくある一般的な高齢者向け病院だ。病院の駐車場に降り立つと、高温のアスファルトから熱気が上り、強烈な照り返しとともに私たちを包み込む。数分でも外にいると、肌が焦げてしまいそうな感じがする。

おーちゃんは、この病院に29歳の時から、失踪する2017年6月までの22年間無断欠勤なく勤めていた。外来患者を受け入れる本館と、すぐ裏手の認知症治療病棟の西館があり、おーちゃんは主に西館で働くことが多かった。ヘルパー資格取得後の29歳で勤め始めて、介護福祉士の資格を取ったのは38歳の時だ。その後は、お年寄りの生活レクリエーション担当として働いていた。

捜索願を出した6月20日、香織と和子はおーちゃんが失踪した事情を説明するために友愛病院を訪れた。おーちゃんの上司である中年の看護部長は、驚いた様子でこう答えた。

「井上さんは、仕事ぶりはとにかく真面目で、欠勤も1回もなくて、夜勤もできるから助かっていましたよ。まさかこんなことになるなんてね」

夜勤ができる介護福祉士は、地方では貴重だった。家庭持ちは夜勤をやりたがらない。そのため独身のおーちゃんは、職場でも重宝された。働きぶりはいつも一生懸命で、服が汚れているとか、体臭がするということもなかった。

おーちゃんがいなくなってから、夜勤を一手に引き受けてもらえる人がいなくなったと看護部長は母娘にぼやいた。香織と和子は、頭を下げるしかなかった。

「そういえば井上さんは、同じ職場の男性に失恋してから過食に走ったって、噂になったこともあったわねぇ」

香織は何のことかわからなかったが、隣に立つ母親は顔色を変えた。何か心あたりがあるのかと、香織は思った。

「やっぱりその男性に振られたことが、ゴミ屋敷の原因になったんでしょうか」

母が問う。香織も看護部長の口元を一心に見つめた。看護部長はあいまいに首を傾《かし》げた。

「けど、それもだいぶ前のことだからねぇ。20年くらい……？　今では覚えている人も少ないと思うけどねぇ」

姉が30代くらいのときだ。香織はもう少し詳しく話を聞きたかったが、突然の失踪で職場に迷惑をかけているからだろう、母はそれ以上の質問を差し控え、香織もそれ以上聞くことはできなかった。

家族に知られて

午後、私は香織とともに姉妹の実家を訪ねた。姉妹の実家は2階屋の一戸建てで、大きな山の斜面を切り崩した一角にある。約50年前に建売の新興住宅地として県の公社が開発して、この一帯は華々しく売りに出された。井上一家は、このあたりの住民としては古い部類に入る。かつては子供たちの声が夕方まで聞こえたが、今では高齢化が進み、土曜の昼間でもひっそりと静まり返っていて、物音一つ聞こえない。

清と和子が玄関まで迎えてくれた。清は白髪頭で、物静かな雰囲気を漂わせている。背中が少し曲がっていて、ややおぼつかない足どりだったが案内してくれた。

「今日は暑かったでしょう。どうぞおあがりになって」

和子はしっかりとした明るい口調で、優しく声をかける。

玄関から中廊下を抜けて、私は8畳ほどの居間に案内された。奥に大きなテレビがあり、電話が備えつけられている。ふすまを隔てて隣室は書斎ということで、テレビを正面にした座机が清の定位置らしかった。清は電話機の脇の座布団に座った。管理会社から清が電話を受けたのも、この位置なのだろう。

和室から張り出した縁側から、そよ風にのって風鈴の音がする。

「本当にあの部屋を見た時は、足がガクガクと震えてね。どうしてもっとこれに早く気がついてあげられなかったのか、それが母親として、本当につらかったですね。今思い出しても、あの瞬間って目の前がスッとグレーになって、記憶として、あやふやな積み重なったものしか浮かんでこないのよね」

和子はこらえきれなくなったのか、涙をぬぐった。私はいれてもらった茶をひと口飲んだ。

「ゴミ屋敷というんですか、私たちもこれまでそういう知識は全然なかったんですけど、娘の現実を見てびっくりしましたね。娘とこの住まいと、結びつかないもんですからね。どうして明美がこうなったのか。それを知りたいんです」

話し続けられなくなった妻の後を引き取るように、清はかすれた声で語り始めた。

清は、おーちゃんが失踪してから何度もおーちゃんにメールを送っている。清が持っている手元の携帯には、心の叫びとも言える悲痛な文面が何通も並んでいた。

「明美、今、どこでどうしていますか？　家族みんな明美のことを思い、私たちの所に戻ってくるのを心より願って過ごしています。それをわかってくれる明美だと信じたい。私も心身ともに老い弱ってきています」

「明美、どうか顔を見せてください。お願い!!」

しかし、1年が過ぎた今もメールへの返事はない。清はおーちゃんの返事を待ち続けているが、ゴミ屋敷であることを家族に知られてから、メールを見ているかすらわからないと私は思った。たとえメールを見ていたとしても、大きな秘密を知られてしまった今、どんな顔で家族に会えばいいのか、もし自分がおーちゃんの立場だったら、やはり返事はできない気がする。

自己啓発セミナーにハマる

一家はおーちゃんが4歳の時に、借家からこの家に移り住んできた。清は、かつて定時制の高校教師で、和子はその教え子だった。授業でハキハキと意見を言う和子の姿に一目ぼれして、清は和子の卒業後、しばらくしてプロポーズする。和子が23歳、清は30歳で結婚し、その翌年に生まれたのが、おーちゃんであった。

和子は看護師として近所の病院に勤めていたが、あろうことか勤め先で結核をもらってしまった。そのため、おーちゃんが生まれてから約半年間、面倒を見たのは清だった。清は、昼は実家に乳飲み子のおーちゃんを預けて働き、休日は朝晩とミルクを飲ませておしめを替え、かいがいしく育てた。

自分が手をかけて育てたこともあり、清は長女であるおーちゃんを三姉妹の中で特別にかわいがった。

おーちゃんは、勉強がさほど好きでもないけれど、積極的に怠けるでもない、おっとりした少女に育った。地元の中ぐらいの公立高校に進学した後、短大のデザイン科に進んだのは、小さい頃から好きだった少女漫画の影響もあったらしい。中学時代には絵画部に所属していたと、香織がそっと教えてくれた。実際、おーちゃんのゴミ屋敷の中に埋もれていた半透明のプラスチックケースには『メッシュ』『マージナル』『トーマの心臓』『半神』といった萩尾望都《はぎおもと》の作品がぎっしり詰まっていた。おーちゃんが好きだった物を少しでも残しておきたいと、香織がゴミの中から見つけて持ち帰ったものだった。香織は嬉しそうだったが、そこまで好きだったものがゴミとして放置されていたことが私は気になった。

おーちゃんは短大のデザイン科で油絵を学んだ後、寝具や雑貨の販売を行う地元の中小企業に事務職として入社したという。当時のアルバムを和子が見せてくれた。

水色の制服に身を包んだやせ型の女性が、右手にシャープペンシルを握り締めながら、何やら真剣な表情でノートと向き合っている。机の上には、電話機やペン立てが置いてあり、ここが会社だということがわかる。その下には社員旅行で、雪山をバックにスキーウエアに身を包んだ若い男女10人の中に笑顔のおーちゃんがいた。

その横は三姉妹が並んだピクニック写真。写真の中のおーちゃんは和子に目元がそっくりで、美しい黒髪をポニーテールに束ねている。白いワイシャツにジーパンというい で立ちのおーちゃんは、レジャーシートの上で、3段の折り詰め弁当を前にして嬉しそうにはしゃいでいる。

そんなおーちゃんに変化が現れたのは、28歳の時だった。おーちゃんは友人に誘われて、自己啓発セミナーに急激にのめり込むようになったのだという。

ちょうどその頃は、オウム真理教が起こした松本サリン事件の前後にあたり、メディアで集団セミナーが取りざたされた時期だった。

両親は気が気ではなく、何度も自己啓発セミナーとオウムとの関連をおーちゃんに問いただしたが、オウムとは関係ないとおーちゃんは言い張った。

自己啓発セミナーにハマり始めた娘は別人のようになったと和子は語る。

「夜中に自己啓発セミナーのお友達と大声で電話しているから、注意したら、なんでそんなに常識が大事なの？　お母さんはいつも私のやることに反対するんだから！とまくし立てられて、別の人格に変わってしまったかのようでした。自分に自信がないから、性格を変えたい、ただ大人しいとか真面目だけじゃなくて、もっと自分を強くしたいという思いがあったみたいです。ハッキリとモノを言えるような人になりたい、って」

自己啓発セミナーに没頭するおーちゃんを家族の誰もが心配したが、強引にやめさせるのはかえって執着を強めると知った清は、しばらく静観することに決めた。

その代わり、清は何とかおーちゃんを説得する材料はないものかと、本をむさぼり読んだ。読み進めるうちに、1950年代の朝鮮戦争時に中国軍がアメリカ兵の捕虜に自白させるために用いた手法の一つが自己啓発セミナーということを知る。

「自己啓発セミナーは、自分の限界とか悪いところをどういうふうに自分で変えられるかという挑戦だと思うんです。個人の力ではできないけど集団の中でトレーニングしてそれを乗り越えて、自分の性格を変えていけるということをうたっています。自分に自信がない娘は、もっと自分を強くしたいという思いがあったんだと思います。寂しさはあったかもしれませんね」

父の説得の甲斐もあり、1年余りで自己啓発への熱は冷めていった。

ちょうどその頃、勤めていた会社が不景気でリストラの嵐となり、おーちゃんは、職場の同僚数人とともにリストラされた。おーちゃんは無職になり、急に無気力状態となった。家の中でも一日中死んだようにボーッとしていて、生きる目的を失ったかのようだった。

そんなおーちゃんを心配した清が、市の主催するヘルパーの資格取得講習を勧めたことがきっかけで、29歳のときに今の勤務先である友愛病院に転職することになる。

新たな勤務先でのおーちゃんの働きぶりは上々だった。病院の生活レクリエーション係を一任され、常に病棟のお年寄りのことが頭にあるようだった。

「ねぇ、お母さん。どうやったら、利用者の方って喜んでくれると思う？　どんなことが楽しいかな？」

おーちゃんは、実家に帰るといつも和子に相談していた。

ゴミ屋敷の中から、和子は、青いマジックペンで大きくイラストが描かれた模造紙の束を見つけた。アジサイの花とこいのぼり、さくら、そして、金太郎——。これは絵を描くのが得意だったおーちゃんによるもので、つい最近まで病院のレクリエーションで高齢者向けに使っていたものだった。

自己啓発セミナーから宗教へ

友愛病院に勤めてからのおーちゃんは、それまでの日々とは見違えるかのように充実して見えた。しかし、そんな生活も長くは続かなかった。

しばらくすると、当時の上司から宗教の勧誘を受け、今度は宗教に没頭するようになっていく。静岡県を拠点にする日蓮正宗で、休日は職場の同僚たちとともに、宗教施設のある富士のふもとで修行に明け暮れるようになった。

和子は、「私の信仰心は稀に見るものだと言われたの」と、嬉しそうに話すおーちゃんの姿を今でも鮮明に覚えている。「疑いを持たないで念仏を唱えていれば導かれるという教えを受けている」――と。

おーちゃんは、誰かに必要とされることが嬉しかったのかもしれない。一心不乱にお題目を唱えている間だけは、自分の存在を忘れることができたに違いない。

清と和子は、あまりのおーちゃんの熱意に押されて、何度かその宗教施設に足を運んだ記憶がある。清は、新規の信者獲得数がノルマとなって、おーちゃんの負担になっていることを知り、何とか足を洗わせる方法はないものかと模索していた。しかし、おーちゃんは家でも宗教のお題目を唱えて、清や和子にもしきりに勧誘するようになった。

お父さんとお母さんにもぜひ入信して欲しい、と。

しかし、それはできない――と、清と和子ははねつけた。

おーちゃんは、そんな親からの反対をきっかけに、一人暮らしを始めるようになる。それが今のマンションだ。しかし、その一件をもって、親子関係が険悪になるということはなかった。自己啓発セミナーの時と同じように、両親は熱に浮かされたおーちゃんを強引に引き留めることもなく、静観するようにしたからだ。現に、両親は入居したばかりのマンションを訪ねていたが、当然ながら当時は、こぎれいに整頓されていた。

おーちゃんは、宗教に没頭するうちに、同じ病院で働く信者の男性にも心惹かれていった。それが、前に触れた看護部長が話していた男性だ。

その男性のことを和子は今でもハッキリと思い出せる、という。

一度おーちゃんに誘われて、男性の実家に行ったことがあった。まるで、男性の恋人のように振るまうおーちゃんの姿に和子は驚かされた。

「相手の男性の自宅に行ったら、オウム真理教がやっていたようなあぐら？　そういう姿勢で修行をやってたのね。私びっくりしたんですけど。娘は嫁さんのように振るまっていて、相手の男性の家族の一員って感じだった。宗教のつながりもあるからだろうけど、向こうのご両親とも打ち解けていたの。帰り道にその男性が悪いようにはしませんから、と言うんです。だから、娘をどうぞよろしくお願いしますと言って、帰ってきたのよね」

男性の父親が亡くなった時に、おーちゃんがお手伝いに行ったという。そのとき和子は「お香典を出したほうがいいかしら？」と清に相談していた。家族でさえも、相手の男性とまるで恋人同士と錯覚するほどの仲だった。

香織が、当時のおーちゃんの心境に思いを馳せる。

「おーちゃんの中では、お相手の男性と家族ぐるみの付き合いだった。相手の家族も公認で、ゆくゆくは結婚という気持ちがどこかであったと思う。自分にとって好きな男性も傍《そば》にいて、信じるべき宗教がある。それこそが姉が一番望む幸せだったんじゃないかしら」

当時、おーちゃんは31歳。30歳を過ぎると、周りもバタバタと結婚していっただろう。香織の言う通り、きっとおーちゃんも結婚の2文字が頭にあったはずだ。

しかし、そんな青写真は残酷なことに打ち砕かれてしまう。それを和子が知ったのは、男性の自宅に足を運んだあの日から、1年後のことだった。ふとした拍子に、おーちゃんはぽつりとつぶやいた。

「お母さん、あの人、『井上さん、別の男性と結婚すれば？』って言うの。私の気持ちを知っていながら、ひどいと思わない？」

そして、さらにそれから数カ月後、ふと和子がおーちゃんに男性のことを尋ねると、耳を疑うような答えが返ってきたのだ。

「そういえば、お相手の男性とどうなったの？」

「病院にいるよ」

「今も独身なの？」

「ううん、他の人と結婚しているよ」

おーちゃんはうつむきながら、今にも消え入りそうな声でそう和子に言った。

和子は、返す言葉が見つからなかった。その男性に関しておーちゃんが和子と話したのは、それが最後である。

和子は当時の心境を切々と吐露する。

「むごいじゃないですかって思いました。明美にとっては一番いい時期を崖から突き落とされた。男性との関係が破綻してからは、宗教のノルマばかりが重荷になってきたんだと思います。その頃すでに苦しみが始まっていたんでしょうね。あまりよその人のことを悪く言いたくないですが、看護部長さんと同じく、明美がこうなるきっかけは失恋しか、私も心当たりがないんです。看護部長さんも知っていたくらいですから病院でも噂になって、明美はきっと周りの目が気になっていたはずです」

意中の男性は同じ職場の女性と結婚して、おーちゃんだけが、たった1人取り残された。病院中の噂と共に――。

「それでどんどん太って、夜勤をして、体力も衰えていった。娘は精神的にも肉体的にも二重に苦しかったんだろうね。色々な重圧を背負ってその日その日で懸命に生活していたのは大変なことだっただろうな、と思う。それに親として気づいてあげられなかったというのが今思い出しても、本当につらい……」

それだけ噂が広まっていたら、病院を退職することもできたはずだ。しかし、おーちゃんは病院を辞めなかった。年齢的にも、簡単には職場を変えられないと思ったのかもしれない。

ともかく、おーちゃんは22年間、友愛病院で仕事を続けた。そして、1日も無断欠勤することなく勤務し、さらに週に数日は夜勤をこなしていた。良く言えば勤勉、雇用者側からすると、使い勝手が良いということになる。

失恋した男性がその後どうなったかはわからない。しかし、そんな生殺しのような日々が、おーちゃんの心を徐々に蝕《むしば》んでいったのだとしたら――。かつて思いを寄せた男性とその妻が働く病院に、おーちゃんがどんな思いで毎日通勤していたのだろうと思うと、私は胸がギュッと締めつけられる思いがした。

セルフネグレクトの予兆

　ゴミ屋敷の予兆に最初の気づいたのは和子だった。十数年前、沖縄旅行に行くから手ごろなカバンがあったら貸して欲しいと頼んだところ、おーちゃんは紺と白のストライプ柄という、あのカーテンと似た柄のスーツケースを差し出した。

「そのときになんかこのカバンはかび臭いなぁと思ったの。貸してもらってそういうことを言うのも悪いと思って言わなかったの。廊下に出して、日干ししたりしたんだけど、どうも臭いが取れない。明美、どこに置いてあったんだろうな……という記憶がありますね」

　疑いを抱くようになったのは、2010年の春、井上家に管理会社から電話があったときのことだった。

　ベランダのゴミが汚いので、片づけて欲しいが本人と連絡が取れない、と管理会社の社員は香織に告げた。すぐにおーちゃんに連絡して「片づけ、手伝おうか？」と聞くと、「大丈夫、自分で片づけるから」と言ったので、それはその場で終わった。その時、家族の誰もがまさか、おーちゃんの家がゴミ屋敷になっているとは思いもしなかった。

しかし、おーちゃんがゴミを片づけた形跡はなく、結局管理会社が掃除していたと知ったのは、ゴミ屋敷が家族に発覚してからのことだ。

おーちゃんは、ベランダのゴミ問題があった翌年の２０１１年に、職場で突然胸が苦しいと看護師に訴えて、救急車で循環器の専門病院に運ばれた。そして、すぐに大きな病院に緊急入院している。ふくらはぎにできた血栓が肺まで飛んで、肺血栓塞栓症を引き起こしていたのだ。原因は明らかに肥満や不摂生にあったという。

おーちゃんは過食によって肥満になり、この時には体重は１００キロを超えていた。健康診断の書類からも、ここ数年はそれが減った気配はない。和子は、入院した際に主治医から、「このままの食生活が続けば、ご本人の命に関わることになる」ときつく言い渡されていた。

和子と香織は、何度もおーちゃんにその話をしたが、いくら命に関わると言ってもどこか上の空で、まるで他人事のような態度だった。

おーちゃんは、このまま病気にでもなって死んだ方がよっぽど楽だ、そう思っていたのかもしれない――。香織は当時を振り返ってそう感じている。

結局、おーちゃんは１カ月ほどで退院したものの、それ以降も体重が減った気配は感じられなかった。

おーちゃんが通っていた病院から香織が取り寄せた診断書に並んだ病名は、肺血栓塞栓症、下肢静脈血栓症、高血圧症、肥満――。おーちゃんは入院して以降は、2カ月に1度、病院に通い、投薬治療を受けていた。

血栓は、車中やネットカフェなどの空間で過ごすと再発の可能性が高く、内服を中断すれば、疾患が悪化し、命に関わる場合もある――。失踪後、もし、おーちゃんが車中生活を送っていて薬の服用を中断しているのだとしたら、危険な状態に置かれているといえる。

香織は、家族旅行のときにおーちゃんが夜中に「うぅぅぅぅーーん」と苦しそうなうめき声を上げていたのを覚えていた。

常に息苦しそうで、少し歩いただけでハアハアと息を切らし、近くのバス停まで向かうことすらつらそうだった。和子も、増え続ける娘の体重を心配しながらも、体重のことを指摘するのには遠慮があった。

「できるだけ自炊をするようにして、栄養のあるものを食べなさい」と遠回しに言うことしかできなかった。しかし、ゴミの状況から判断すると、すでにその頃には、おーちゃんの部屋のキッチンは、ゴミに埋もれて自炊どころの状態ではなかったはずだ。

おーちゃんの変化が如実にわかるのがゴミの中に埋もれていたアルバムだ。

20代から30代頃のアルバムをめくっていくと、中腰の体勢で青いエプロンに白の介護帽子を身につけ、同年代の同僚や看護師たちとカメラに笑顔を向けるおーちゃんの姿がある。

その下には、節分のレクリエーションなのか、鬼に扮したスタッフが太鼓を叩く様子を笑顔で見つめる白衣のおーちゃんがいる。アルバムの中のおーちゃんは、赤い口紅をつけて華やかな笑顔をカメラに向けていた。

31歳と書かれた写真では、友人の結婚式なのか、黒髪を結い、赤い花柄の振り袖に身を包んだおーちゃんがいた。ひと重まぶたでなで肩のおーちゃんには着物がよく似合い、おだやかな雰囲気を醸し出していた。

しかし、それまではスレンダーだったおーちゃんの体形は、33歳の病院のバスツアーの写真から、徐々に贅肉がつき始め、ぽっちゃりとした体形になっていく。つまり、31歳から33歳の2年間に、おーちゃんの中で何かが大きく変化していったのは間違いない。

そして、同じくその時期を境に、1つに束ねられた美しい黒髪はショートカットのボブヘアに変化している。なぜおーちゃんは長かった髪を切ったのだろうか。

ショートカットにしてからのおーちゃんは、10年ほどの時を経て、徐々に現在の命に関わるほどの肥満体形へと近づいていく。

2002年に次女の瑠璃と赤ちゃんと一緒に写った写真では、タンクトップを着ていることもあり、すでに二の腕と顔がふっくらとし始めている。この時37歳。そして、おーちゃんが41歳となった2006年には、さらにその体形が2倍ほどに膨らんでいる。

憶測でしかないが、おーちゃんが太り始めた33歳以降から部屋の中にゴミが徐々に溜まり始めていったのかもしれない。

おーちゃんは、いつからか、友人関係をもシャットダウンするようになる。

「今年は年賀状出した？」

年末の忙しい時期に、そう和子が尋ねると、「年賀状はもう出さない」と返ってきた。和子は、その時は気にもとめなかったが、その頃から、おーちゃんが友人と遊んだり交流したりしている様子はなくなっていた。

ゴミの中から、和子は数十枚の年賀状を見つけ出した。

そこには、「HAPPY　NEW　YEAR！」と書かれた青いウエディングドレスをまとい白薔薇のブーケを手にした新婦と、横に佇む優しげな新郎の姿があった。

さらに笑顔の子供たちの年賀状もあった。30歳を超えると、かつて独身時代に遊んだ仲間たちも結婚して、子供の写真や結婚式の写真が占めるようになっていく。毎年増えていく家族写真の幸せそうな年賀状をおーちゃんはどんな思いで見ていたのだろう。劣等感、苦しみ、それとも羨望なのか——。

その中には1999年の書きかけの年賀状があった。おーちゃんが33歳の時だ。それは自己啓発セミナー時代の友人に宛てたものらしかった。しかし、宛名も住所も書いてあるのに、おーちゃんはそれをポストに出さなかった。

おーちゃんは逡巡し、もう、このときに何かを諦めたのかもしれなかった。おーちゃんのスケジュール帳を見ると、33歳以降、友達との約束を記した形跡はない。

おーちゃんのゴミ屋敷の中から、プラスチックのゴミに埋もれた状態で古ぼけた焦げ茶色の仏壇が見つかった。それは、まさしくおーちゃんが宗教に傾倒していた時の遺物であった。たった1人、暗いマンションの中で、カーテンを閉め切って、33歳のおーちゃんはきっとすべてを閉ざし、すべてを手放し始めていた。

ここは、かつて恋心を寄せた人との悲しき思い出の詰まった部屋なのだ。見回せば、一緒に題目を唱えた仏壇が鎮座している。

もう、何も見たくない、感じたくない、すべて忘れたい——。

かつて思いを寄せた男性と一緒に信仰した宗教の仏壇は、いつしか歳月が経つにつれてプラスチックや汚物の下に眠るようになった。まるで、そのつらい思い出を封印するかのように。そして、だれにも邪魔されない、たった1人きりの城に籠もるようになる。

おーちゃんは食べることで、その切なさを忘れられたに違いない。ハンバーガーショップ、焼き肉屋、すし屋、しゃぶしゃぶ屋など、おーちゃんの部屋の中からは無数の飲食店のレシートが見つかった。台所は自炊できる状態ではなくなり、部屋の中を徐々にゴミが占拠していく。風呂場も使えなくなり、トイレもゴミで埋め尽くされる。

それは、決して家族には知られてはいけないものだった。だから、おーちゃんはそれが知られた瞬間に逃げ出した――。すべての過去を振り払うかのように疾走したのだ。

おーちゃんは、計算高い性格ではなく、むしろまじめだった。だからつらいことがあっても、仕事を辞めるという選択肢は頭の中になかった。ゴミ屋敷の中から1日も休むことなく通勤していた。だからこそ、まさかゴミ屋敷に住んでいるとは周囲も気づくことができなかった。

まじめであると同時に、生きるのが下手で自己主張が苦手な女性であった。そんなおーちゃんの心をジワジワと、何年、何十年もの月日をかけて、徐々に闇が支配していった。青空に暗雲が垂れ込めるかのように、侵食していったに違いない。

ゴミの中でしか癒やされない

実は、私はおーちゃんと同じようなゴミ屋敷の女性の家を訪れたことがある。それは、都内のマンションに住む生活保護受給者の80歳の女性であった。家中が段ボールや衣類などのゴミで溢れていた。

元アパレルの店員だったその女性は、怒涛の戦後の混乱期を生き抜いてきた。8人きょうだいの長女だったこともあり、ひとり率先してきょうだいたちの学費を稼ぎ、身を粉にして働いてきたという。

穏やかな性格のとても優しい女性だったが、おーちゃんと同じように何かから逃げたかったのか、自らの居場所を求めて、さまざまな宗教施設を転々としていた。

家に行きたいというと、女性はあっけなく迎え入れてくれた。それどころか私と自宅で会うために、わざわざなけなしのお金をはたいて美容院に行って髪をセットしていた。

女性は、自分の生活が苦しいにもかかわらず、区役所からもらったという非常用のビスケットを私に分け与えてくれた。女性の部屋は、おーちゃんの部屋ととても似ていてカーテンが閉め切られていて真っ暗だった。郊外の住宅街の一角にある2階の角部屋だったが、風呂もトイレも衣類や汚物などのゴミのせいで使える状態ではなかった。

キッチンには電子レンジと、オーブントースターが2台ずつあるので、不思議に思って彼女に尋ねると、近所からのクレームによって、行政に何度もすべての家財を強制撤去されているので、不安に駆られて、最低2台常備しているのだという。家電はすべて近所のゴミ置き場から拾ってきたものらしい。

夜は、ゴキブリや鼠が這いずり回る音がするという。部屋には座れる場所が全くないため、女性はいつも寝床にしているという衣類とプラスチックが傾斜になったところに華奢《きゃしゃ》な体を横たえた。ここが彼女の居場所であり、唯一の安らげる避難場所なのだ。

私も女性と同じように、体を横たえてゴミの中に体を預けてみた。プラスチックや衣類の堆積の中で、胎児のように身を丸めていると、どことなく温もりがあって、巣に守られている雛のような気がした。まるで子供の頃に遊んだ段ボールハウスのような居心地の良さがあった。

おーちゃんも、毎日ゴミの中で寝起きしていた時は、ひょっとすると同じような感触だったのだろうか、そう思いを馳せた。

おーちゃんがおむつをつけ始めたのは、きっと2011年頃だったんだろう。香織はおーちゃんの部屋から手帳を見つけた。2011年12月30日に「ライフリー購入」との記載があった。それ以前の日記に、おむつの記載はないことから、恐らく入院した際に使っていたおむつを家でも使い始めたのは想像にかたくない。

その翌年の2012年の手帳には今年の目標設定に「ダイエットマイナス3キロ、部屋の片づけ」と書かれてある。部屋の中でおむつをつけて生活をする一方で、この頃、おーちゃんは何とかして必死に生活を立て直そうとしていたのかもしれない。

その手帳の中からは、1枚のメモも見つかった。「身長175センチ、スポーツマン、45歳、結婚」――。これは恋愛占いか何かのメモだろうか。おーちゃんは、毎日大量のゴミに埋もれながら、それでも理想の男性との出会いを夢見ていたのだろうか。

和子は、それらのスケジュール帳を見てからというもの、映画館で見た「嫌われ松子の一生」が脳裏をよぎった。父親からの愛を受けずに育った中学教師の松子が、教え子の窃盗事件を隠したことをきっかけに、身を落としてしまい、恋愛面でも転落が始まるという映画だ。かつてはスレンダーな体形だった松子は太り、足を悪くして、ゴミ屋敷の住人に変貌する。それでも最後まで人気アイドルグループの男性に恋心を抱いていた。しかし、当然ながらかなわぬ恋に苛立ちを覚え、暴力的になり周囲から益々孤立していく。そして53歳の時に、河川敷で少年たちに襲われ、死体となって発見されるのだ。

和子は、恋愛によって身を落とす悲惨な松子の一生に、おーちゃんの人生を重ねずにはいられなかった。

婚約を破棄して姉に寄り添う

ヒュールル、ボーン、ボーン、ボンボーン……。

実家からの帰り道、香織は、今日は地元の花火大会の日だと教えてくれた。車の中からは、花火は見えない。山の上から坂を下り、国道に抜ける。花火の音だけを背に、車はゆっくりと、すっかり暗くなった道を進んでいく。

アパートに向かって帰る道すがら、何度か花火大会の警備員に阻まれてしまう。そのためいくつかの道を迂回しながら帰途につくことになった。飲食店のライトアップされた看板が、ポツリポツリと道しるべのように視界に浮上する。もしかしたら、おーちゃんもあの部屋の中で、すり鉢状のくぼみに身を委ねて、この花火の音を聞いていたのかもしれない。

私が助手席に座ってそんなことを考えていると、運転席の香織がふと口を開いた。

「私、実は婚約していた男性がいたんです。この件がなかったら、その男性と結婚していたはずなんですよ。でも、おーちゃんのあのゴミ屋敷を見た時に、もう結婚はなくなったと思ったんです。だからお相手の男性には本当に申し訳ないんですけど、この一件があってから、自分からお断りしたんです」

香織は、27歳の時に一度結婚しているが、結婚先の環境に馴染めずに翌年には離婚している。

離婚後も何人かの男性との出会いと別れを繰り返してきたが、ここ数年、本格的に婚活を再開していた。そしてようやく結婚相談所で知り合った男性と婚約し、両親への挨拶も済ませたばかりだった。苦労の末につかんだ幸せがもうすぐ手に届くところまであった。

そのまま結婚することもできたはずなのになぜ婚約を破棄したんですか、という私の質問に、香織は少し間をおいて話し始めた。

「マンションのドアを開けた瞬間に、おーちゃんの心の闇を知ったからかな。あぁこんなにも深い闇を抱えてたんだ、ずっと苦しかったたねって、思った。姉妹として気づくことができなかったことが本当に、ショックだった。だけど、私はいつまでたっても家族で、傍にいるからって思ってるんです。だから、こんな気持ちのままでは嫁ぐ気にはならなかったんです」

思えば、香織のこの車の中もおーちゃんの思い出で溢れている。今車の中で聴いているSMAPのCDは、おーちゃんが一昨年のクリスマスプレゼントでくれたものだし、退院の快気祝いのお返しでもらった保冷用のバッグも、今の季節は何かと重宝して持ち歩いている。

香織の近くにはいつもおーちゃんがいて、贈ってくれた物たちに囲まれて日々を送っている。特に香織が離婚してからは、休日は2人で音楽フェスや、ディズニーシーに1泊旅行に行ったこともあった。

「離れて暮らしていて、大事なことはわかってあげられなかった。でも、私の生活の中でおーちゃんは大切な存在だったんです。そんなおーちゃんのことをずっと理解できないままに、悔いが残った状態で死ぬのは嫌なんです。もし帰ってきてくれたら、つらかったねと聞くことだったらできるし、金銭的に生活していくのが大変だったら、みんなで助け合えばいい。そうして生きていこうよって会って話したいんです」

香織は、おーちゃんのゴミ屋敷の中から出てきた、古ぼけたカレンダーのことを話し始めた。ゴミに半分埋もれていたそのカレンダーは、なぜか2003年9月で時を止め、めくられていなかった。2001年に次女の瑠璃が結婚、その2年後の2003年は、香織が結婚している。妹たちが立て続けに結婚した頃、徐々におーちゃんの体重が増えていく。

今そのときを振り返ると、初めての結婚に舞い上がり、姉のことはほとんど目に入っていなかった。ゴミの中にあったカレンダーが時折フラッシュバックして、眩暈《めまい》を起こしそうな感情に襲われる。

香織は、年老いた両親と家庭を持つ次女にかわって、おーちゃんの捜索の先頭に立った。市内で何度も行方不明者のビラを撒き、おーちゃんが過去に立ち寄ったと思われる場所の捜索マップを作り、休日には車を走らせた。おーちゃんの部屋から、頻繁に通ったと思われる商業施設のレシートを割り出し、姉が立ち寄ったら連絡をくれるようにと店側と交渉した。

香織は、真っ暗な国道に目を落としながら言葉を続ける。それはまるで自分自身への独白のようでもあった。

「私自身も、どうして姉がこうなったかという疑問を探す旅に出てるんです。姉が歩んできた歴史をたどることによって、あぁお姉ちゃんこの道を通ってたんだ。その時は、どういう気持ちだったんだろうと考える。姉の存在が職場からも私たちの生活からもいなくなると、まるで最初から存在しなかったかのような気がしてくる。世の中は何事もなかったかのように時間が過ぎていく。でもそれじゃあまりに悲しい気がするんです。ただ幸せを求めただけなのに、自己啓発セミナーも宗教も恋愛も、幸せに結びつかなかっただけ。それが本当にかわいそう」

つなぎとめたい記憶

おーちゃんの失踪から時間が経つにつれて、警察の捜索に真剣さが薄れてきた。担当の警察官には、「どうせ彼氏でもできていなくなったんじゃないんですか」という的外れなことを言われるようになり、明らかに面倒くさそうな対応をされることが多くなった。責め立てるように「なんで娘さんがこんなふうになるまで気づかなかったんですか？」という言葉まで飛び出し、家族は深く傷ついた。

一家は、何とかして薄れゆくおーちゃんの記憶を留めておきたかった。このままでは、おーちゃんは自分たち家族の記憶の中ですらも、曖昧な存在になっていく。なぜ、おーちゃんの家はゴミ屋敷になったのか。そして、今おーちゃんはどこにいるのか。その問いの答えを、一家はずっと追い求めていた。

8月下旬の日曜日の午後、私は再び、井上一家を訪ねた。

一家はいつもの休日を過ごしていた。香織は、病院の休みの日曜日は実家にこうして毎週帰ってくる。特におーちゃんが失踪してからは、両親の落ち込みが激しいので、できるだけ一緒にいることにしているのだ。

「お外、暑かった？」

和子は、車でいつものようにやってきた香織に、そう玄関で声をかけた。すぐに和子は、冷凍庫でキンキンに冷やしたおしぼりを香織に差し出す。香織は額の汗を拭きながら、居間の座布団に座った。

和子は、白い深皿に山盛りにした梨をこたつの上に置いて、ポトポトとお茶をいれ始めた。清がゆっくりとした動作で梨をつまんで、茶をすする。

いつもと変わらない日曜日。しかし、その日は何かが違った。

香織は、私はこの家族の一員として思うんだけど、と意を決したように両親に向かって切り出した。

「私の家族は、決して風通しのいい家族関係ではなかったんじゃないかと思うのね。お互いが本当に言いたいことを言い合っているか、わかり合っている家族かというとそうではなかったんじゃないかと思うの」

香織は、これまでのおーちゃんの生い立ちを遡っていて、どうしてもこれだけは両親に話したいと思っていた。母親はこれまで聖職者である父親に逆らうことができなかったし、奔放な性格の次女が、父親と激しい親子げんかをしていたのを何度も目撃したことがあった。

香織はおーちゃんの幼少期の家庭環境が、ゴミ屋敷に結びついたのではと感じていたのだ。

和子はそんな香織の問いかけに、「どの家庭でもそれぞれに問題はあると思うけど、確かにうちが風通しのいい家庭だったかは……」と頭を抱えてしまった。

かつて清の教え子だったという立場もあり、和子は常に一歩引いて清と接していたところがあった。一家の権威として君臨している清の言うことは絶対で、和子自身もこれまで清に何か物申すことはご法度だった。そんな家庭が、風通しが良かったかと言われると返答に窮してしまう。

そんな清も、現在では85歳となり、めっきりと老いを感じさせるようになっていた。

清は、香織の言葉に少し考え込んだように口を開く。

「僕は、明美を厳しく育てすぎたのかもしれないね。そうやって明美は親の顔色をうかがいながら成長して、どこか脆《もろ》さを残したまま大人になったのかもしれない。明美は、僕にわがままを通したことがないし、少なくとも僕に明美が反抗したことは一度もなかった」

「そもそも、お父さんは教師だし、そんなふうに言いたいことを言い合えるような父親じゃなかったと思うけど」

和子は、清に向き合うと、ハッキリとした口調でそう反論した。

一瞬の沈黙――。

清は、思いもかけない妻の言葉に少し戸惑っているようだった。しかし清は清なりにおーちゃんとの過去と懸命に向き合おうとしていた。視線を落としながら、所々かすれたか細い声でこう答えた。

「明美は、父親の言うことには逆らっちゃいけないと思っていたのかもしれない。それで周りのことをいつも気にする良い子になった。けれども、それでは自分の本当の思いは、伝えられない。心が満たされずに、弱さとか寂しさ、空虚感を徐々に抱えるようになっていったのかな。ゴミ屋敷なら誰にも迷惑をかけないし、許されるんじゃないかって思うようになっていったんだろうね」

清はそう言うと、肩をすぼめた。香織はそんな父の本音を初めて聞いた。小さい頃は大きかった父の背中が、いつしかずっと小さくなっている。清も自分と同じように、胸を引き裂かれるような暗闇の中にいたはずだと、香織は思った。

清は、おーちゃんの失踪後、毎日のように手持ちの携帯からメールを送り続けていた。それは一家の権威的存在として君臨してきた父が初めて見せた切実な弱さや脆さでもあった。

私は年が離れているから、おーちゃんの生い立ちのことはわからないけど、と前置きして、香織は父の言葉に続けた。

「おーちゃんは自己主張が苦手だったよね。自分は強い意見を言えないから、引っ張ってくれたり、導いてくれたりする男性に対して、依存心がとても強かったと思う。男性と付き合う経験自体も少なくて、よけいに男性に対して理想像があって、憧れが人一倍強かった。だから、思い描いていた男性との幸せがパッと目の前から消えてしまった時に、そこには暗闇しか広がっていなかったのかもしれない」

和子は、頷いて言葉を続ける。

「そうだね。自分に満足しきれないものを常に感じていて、それで何かを求めているような感じだったね。それでも明美は、自分なりに人生をただ精いっぱい生きてきただけ」

井上一家は、今は過ぎ去った家族の歴史という、埋もれた記憶の中に入り込んでいく。おーちゃんの部屋はなぜゴミ屋敷になったのかという問いは、自分たちの家族とは何だったのか、という核心へと迫りつつあった。

居間には、黒の26インチの薄型テレビが、そんな家族の会話にただ黙って聞き入っているようだった。２０１３年の冬に勤務先の病院の忘年会で、抽選の景品として当たったのを、おーちゃんが清にプレゼントしてくれたテレビだった。

香織の心の中に、おーちゃんへのとめどない思いが溢れてくる。

「おーちゃんにとって、幸せって何だったんだろうって思うの。毎日同じ日の繰り返しで、そこには何もなくて、無だったのかな。何を幸せや喜びとして生きたらいいか、わからない。幸せになると思っていた道が消えて、悲しみしかなかった。生活のために働くことはできても、目的がないと何もする必要がなくなるし、ゴミを捨てなかったからどうにかなるわけでもない。そんな無の心境だったんじゃないかな」

和子も言葉を重ねる。

「でもそういう状態でも本人は苦しいと思うよ。何にも考えなくても、苦しみからは抜けられないよね」

　そう、和子が言うとおり、苦しみからは逃れられない。しかし、その痛みを自分のこととして感じることはできる。誰もが今この瞬間、おーちゃんが抱えた苦しみに近づこうとしていた。そして、必死にそれを感じて、共鳴しようとしていた。香織がさらに言葉を続けた。

「そうだね。おーちゃんは人生の歩き方が下手だった。普通の人は、器用にスタスタと歩いていっちゃうところを躓いちゃう。純粋な子だったと思うの。だから、よけいに立ち直れなくなって傷ついたんだと思う。その傷があまりに深すぎて、見たくないものを見ない。感じたくないものは感じない。人としての湧き上がってくる感情に全部蓋をして、食べたいときに食べて、寝たいときに寝るという生活を送っていたと思うの」

　和子は、現在の自分の置かれた状況とおーちゃんの心情を重ね合わせる。

「明美がいなくなった後は、私は夜中に目が覚めて、不安感とか絶望感がよみがえってくる。今でも家にいるとパッと明美のことが浮かぶの。でも、もしかして、明美もずっとそうだったのかな。こんな不安とか絶望を抱えていたのかな」

　おーちゃんが抱えていたさまざまな感情が、私たちの脳裏を一陣の風のようによぎっていった。そして、一人ひとりがおーちゃんの過去を反芻《はんすう》し、決して戻ってはこない時間の重みだけを味わっていた。

「でも、おーちゃんのことがなければ、ここまで生い立ちから振り返ることなんかなかったよね。私たち家族を振り返るいい機会になったね。家族の間で、これまで見えてなかったものが見えてきた気がする」

家族再生

清と和子は、香織が婚約破棄という大きな犠牲を払ったことに、とても心を痛めていた。しかし、その罪悪感から面と向かって香織に感謝を伝えることはできずにいた。

和子は、その思いを今伝えられる、と思った。

「香織には本当に大変な時期に私たちの支えになってもらって……」

和子は、それ以上は胸が詰まって言葉にならないようで、香織にうるんだまなざしを投げかけた。清も大きく頷く。

香織は、そんな両親の思いをすべて察したかのように、静かに微笑んだ。

「私なりにこの家族に生まれてきた意味を、おーちゃんがいなくなってからずっと探してきたのね。でも、今は、このために、この家族に生まれてきたんじゃないかという気がするんだ。私たち家族が、ただつらい思いをしたというだけで何も得られないのはマイナスでしかない。だから、何かプラスに変えたい。この体験を世の中に少しでも発信して、誰かが自分は1人じゃないんだと感じるなら、やりがいのあることだと思うの。死亡記事にしろ、たった1行で片づけられちゃうけど、その人の人生にはそれぞれに重みがある。だから私は、この体験が社会の役に立つなら、何でもしたいと思っているよ」

清はやせた肩を震わせていた。鼻水をすするシュンシュンという音だけが部屋に響き、もしかしたら清は泣いているのかもしれないと、私は思った。

「なぜ、明美の家がゴミ屋敷になったのか、それを知りたいのです」

清は、初めて自宅を訪れた私にそう言った。その問いに対する答えの一つは、家族の在り方について、それぞれが原点に立ち返るということでもあったのだと思う。そして、その過程を経ることで、家族が必死に向き合い、再生しようとするその姿を私は目の当たりにした。

時計の針は、午後7時を回っていた——。縁側から庭に目をやると、すでに陽が落ちてきて、ダークブルーに染まっていく。

テーブルの上にあるおーちゃんのアルバムを香織が開き、何となく全員が目を落とした。

おーちゃんは動物が大好きで、飼っていたカナリアが死んだ時には、何日も目の周りを赤くして泣きはらすような心の優しい子だった。大人になってからも突然、子猫を何匹も拾っては、自分の部屋に連れて帰って、飼っていたこともあった。

おーちゃんは、香織が中学生の時に、近所の家からもらってきた中型の雑種犬を風太と名づけて、とびきり可愛がっていた。偶然なのか、開かれたアルバムの写真には、この居間から見える縁側と庭が写っている。そして、その中心には風太とおーちゃんがいる。

白のブラウスに紺のスカートという姿でビーチサンダルを履いたおーちゃんは、この庭の新緑の下で、少しまぶしそうにしている。左手にはボールをくわえた狸柄の風太を抱えて、中腰でしゃがんでいる。このとき、おーちゃんは20代後半。

おーちゃんはいつもと同じ、繊細そうでいてどこかあどけない表情を残したまま、右手でピースサインをして笑っている。

おーちゃんがくれた植木鉢

おーちゃんの事件は、一家に大きな激震を走らせ、家族それぞれの人生を大きく変えた。

清は、おーちゃんの一件でめっきりと老け、物覚えが悪くなった。香織がそんな父を説得して、2018年の冬に認知症外来を受診させたところ、軽度のアルツハイマー型認知症であることがわかった。和子は、夜なかなか眠ることができなくなり、香織の勧めもあって精神科に通い始めた。医師に話を聞いてもらうことで何とか気持ちを落ち着かせている。

前述の通り、香織は婚約を破棄、直前まで掴みかけていた結婚生活を手放すことになった。結局、おーちゃんの行方は1年が経った今もようとして知れない。

一家は先の見えない苦しい日々を過ごしながらも、少しずつ前を向き始めようとしている。

警視庁の統計によると、失踪者は捜索初期段階で発見すれば死亡率を抑えることができるが、時間が経つほど、生きて見つかる率が少なくなるという。

時が経つにつれ、和子は最悪の事態も想定して覚悟を決めるようになった。もの言わぬ状態でおーちゃんが帰ってきたら、どう送り出したらいいのか考えるようになった。

これまでは、家族だけでひっそり送ろうと考えていた。しかし、今、その考えは少し変わってきている。家族でおーちゃんの人生をたどっていくと、決して不幸一色ではないと思うようになったからだ。

――今思うと、お父さんもお母さんも、決して完璧な親でも、家族でもなかったかもしれない。それでも、みんなで支え合って生きてきたと思う。明美は、満面の笑みでいる時もあったし、お友達もいたし、家族もいた。人生では、寂しいこと、つらいこともあったかもしれないけど決して1人じゃなかったんだよ。

娘がどんな姿になっても、それだけは伝えたい。だから、もしその時がきたら、これまでのお友達に声をかけて、賑やかに送ってあげよう。いつしか気持ちはそう変化している。

和子は、葬儀では、「翼をください」を流したいと思っている。おーちゃんを苦しめていたすべてのものから、解き放ってあげたい。自由な空へと。

和子は、おーちゃんが買ってくれた鉢を今も大切に手入れしている。数年前に「お母さんに」と贈られた、ピンクの小さな花が咲くベゴニアだ。もうすでにおーちゃんのマンションがゴミ屋敷だったと思われる時期だ。

「お母さん、お花屋さん覗いたらきれいなお花があったからこれ、あげるね」

花の咲いた小さな植木鉢を手にしたおーちゃんの姿を、今でも和子は鮮明に思い出すことができる。胸まで積もったゴミの中で毎日夜を明かしながらも、おーちゃんは和子への思いやりを忘れなかった。おーちゃんは、少し生きるのが不器用で、その分、真っすぐで、少しおちゃめな女性だった。

「明美、今、どこにいるの。明美のくれたお花、咲いてるよ。早く帰ってきてね。帰ってきたら、抱きしめて、今度はもう二度と離さないから」

和子は、今日もおーちゃんがくれた植木鉢の花に向かって、静かに話しかけている。

第5章

なんで触ったらあかんの？
僕のおばあちゃんやもん！

西成の人形部屋

行列のできる遺品整理・特殊清掃業者が大阪にいる――。

横尾将臣《よこおまさとみ》(49歳)が代表を務めるメモリーズ株式会社は、常に1カ月先まで仕事の予定が埋まっている。しかし、それでも横尾にお願いしたいと言って聞かない遺族たちがいる。なぜ、遺族は横尾を求めてやまないのか。

8月の下旬、早朝から太陽がジリジリと容赦なく照りつける中、横尾は、大阪市阿《あ》倍《べ》野《の》区のマンションに踏み込もうとしていた。1階で鉢合わせになった同じマンションの中年女性は横尾を見ると、すかさず声をかけた。

「お掃除ですか。306でしょ。みんな臭い言うて、大騒ぎしてますのや」

横尾は、女性に満面の笑みで言葉を返した。

「スーパーマンがきたから、大丈夫や言うといてください」

「そうでっか。ありがとございます。本当にお世話になりますわ」

女性はホッとした表情になり、深々とおじぎした。

横尾がエレベーターで3階に向かうと、すぐに物件はわかった。ドアの四方に厳重な目張りがしてあったからだ。目張りの隙間からは、突き刺すような臭いが漏れ出て、廊下中に充満していた。

横尾は目張りのテープをベリベリと剥がすと、防毒マスクを装着しておもむろに部屋に入っていった。部屋の中はブンブンと蠅が飛び交っている。

入り口の近くのキッチンのフローリングに、赤と黒の絵の具を混ぜたような体液が、まだら模様になってへばりついていた。その体液をたどって横尾がトイレのドアを開けると、床面のタイルにもびっしりと黒い体液がこびりついていた。

「えらいとこまでいってるな。蠅も湧いてるわ。こういう状態なら死後2週間以上やわ。こっちが頭かな。これは皮膚やな。たぶん、亡くなる前にトイレから必死に出ようとしたはずやわ。そんな気がするな。この体液の半分は、ほぼ血液やね」

横尾の予想通り、部屋は、トイレから出た直後に男性が突発的な出来事に見舞われたことを示していた。

箸が刺さったままの食べかけのカップラーメンが、なぜか畳の上に倒れもせず置かれている。何週間も放置されていたせいか、中身は水分を失い、黄緑色のカビが生えていた。床にはせんべいの空袋が大量に放置されていた。

男性のジャージだけが1着、ハンガーにかかっていて、押し入れには下着やパーカーといった衣類が畳まれた形跡もなく、無造作に投げ入れられていた。

「洗濯物を外に干すんがしんどかったんやね。もうしんどいねん、ほんま、しんどいねんというのが伝わってくるな。だから、部屋ん中にこうやってただ、洗濯物引っかけてるだけやねん。食べ物見とったら、カップラーメンとコンビニだけの生活や。大変やったやろうな、苦しかったやろな。こんなんいっぱいお菓子食べたら、体おかしなるって」

横尾の指摘通り、畳に散っていた近所の薬局の袋には、大量の痛み止めが入っていた。それが男性の苦しんだ痕跡だと思うと痛々しかった。

「かんにんやで。今からきれいにしてあげるね」

横尾は、何度も優しく声をかけ、作業を始めた。作業が進むにつれて、屈強で隆々とした横尾の筋肉は、見る間に汗で光を帯びてきた。

トイレのタイルとの格闘が終わろうとしていた午後3時頃、横尾の携帯が鳴った。管理会社から緊急の依頼があったらしい。トイレの向こうで慌ただしく話し込んでいる。

「西成《にしなり》で孤独死のミソクやね。じゃあ、今からそっち向かうわ」

社員からの電話は、西成区で孤独死が発生し、管理会社から特殊清掃の依頼があったという知らせだった。「ミソク」は見積もり即施工という意味である。管理会社は通常であれば、見積もりの金額を聞いてから依頼するものだが、「ミソク」は金額はどうあれ、すぐにでも特殊清掃にかかって欲しいという緊急の要請だ。

メモリーズは、孤独死の多い夏場、こういった「ミソク」の案件が殺到する。「ミソク」が多いということは、それだけメモリーズに対して、日頃から管理会社の信頼が厚いということの表れでもある。

管理会社によると、蛆が下の階に落ちて住人から苦情が入っているという。横尾は緊急性が高い案件だと判断し、急きょ阿倍野区から西成区へ移動した。

「孤独死する人は、ああやって、ほとんどが飲むと食べるしかしてへん。ただ、命つないでるだけや。そのうちに、尿や便も部屋ん中でしたりして、出すのもそこで全部でしょ。それで亡くなる直前は何もできへん状態になってしまうんや。だから、セルフネグレクトはSOSやと思うんです。どの段階で片づけるかであって、放っておいたら孤独死が待ってるんやわ。部屋見たら、こんな状態で生活してるのは、どう見てもここ2、3日ちゃうねん。隣の部屋には普通の家族なんかが住んでいて、たとえば悪いかもしれんけど、その部屋だけが異次元の世界になっていて、そこの主が人知れず亡くなってるという感じ。本当は早く見つかったらね、僕らも楽なんですよ」

横尾は、そんな心情を告白しながら次の現場にトラックを走らせる。阿倍野区に隣接する西成区は、低所得者向けの木造アパートが林立する地域だ。

トラックが現場近くの道路に到着すると、該当のアパート前は騒然としていた。すでに同じアパートに住む中年女性が何人か集まっていて、しきりにヒソヒソと話をしている。薄汚れて痩せこけた茶色の猫だけが、そんな住民たちをよそ目に、アパートの軒下で、ガツガツと、アルミの小皿に入った残飯に食らいついていた。

今回の横尾の仕事は、臭いと害虫への緊急対処だ。警察の現場検証の直後で、遺族もまだ訪れていないため現場にはなるべく手をつけずに、一刻も早く臭いを収束させて、管理会社に引き渡さなければならない。

横尾は、管理会社の社員から鍵を受け取ると、彼と共に、すぐに物件に突入していく。2階のその部屋はドアを開ける前から異様な熱気と臭気が立ち込めている。

部屋の中は薄暗く、じめじめとしている。高齢女性の一人暮らしらしく、入り口に近いキッチンの物干し台には、パンティやタンクトップなどの下着がぶら下がり、流しにはついさっきまで食べていたかのように、焦げついたタコ焼き器の鉄板と小皿が放置されていた。

部屋の真ん中にこたつがあり、奥側の薄暗いほうに、ふと、人の頭のようなものが見えた。

「うわっ！　なんやこれ！」

横尾が思わず飛び上がる。1メートルほどもある巨大な人形が、いすの上に鎮座していた。女性が自分で作ったらしいもので、モジャモジャとした髪の毛は、黒の毛糸でできていた。縞模様の服を着ていて、ギョロリとした目で、あさってのほうを向いている。横尾には、この人形はまるで本人の生き写しのような気がした。脇には、人間の幼児用のベビーカーが置いてあった。

「僕も、見積もりでさっき部屋ん中に入って、めちゃびっくりしたんですよ……」

先ほど合流したばかりのメモリーズの社員が横尾に声をかけた。

そこには、孤独死の爪痕がまざまざと遺されていた。横尾がこたつを上げると、体液をたっぷりと含んだ敷布団があり、黒い人型がくっきりと浮かび上がっていた。一瞬、さっきの人形と人型がオーバーラップする。ひょっとすると女性は、この人形を自分の子供みたいに可愛がっていたのかもしれない――。この人形がまとう独特のオーラは、女性の内面を表していた。

敷布団をめくり上げると、その真下には、100匹以上の白い蛆が、もわもわと勢いよくうごめいていた。

横尾らは、体液でビチャビチャになり、何倍にも重さを増した敷布団をあっという間に巨大なビニール袋に詰め始めた。下の畳も2人で持ち上げて、別のビニール袋でくるんでいく。体液のほとんどは畳の上で、かろうじて食い止められていたようだが、一部は、畳と畳のわずかな隙間を潜《くぐ》り抜け、ボードの木目にまで到達していた。

蛆たちは、ヒルがチューチューと血液を吸うかのように、わずかな体液に群がっていた。よく見ると、畳の下に現れた正方形のボードは何枚かが、つぎはぎになっている。この木目の隙間を通り抜け、階下に蛆が落下していたのは、明らかだった。

横尾たちは、体液の染みたボードを消毒すると、畳の下で飛び跳ねる蛆を丁寧にほうきでかき集めた。作業はこれで終わりかと思いきや、横尾は畳との境目に入り込んだわずかな体液が、キッチンと居間を隔てるサッシに染み込んでいたのを見逃してはいなかった。サッシをずらして外し、ひっくり返して、黒い体液が付着した床の接着面を丁寧に拭き取り、消毒していく。

横尾たちの見事なチームプレイもあり、わずか30分余りで特殊清掃は終了し、いつしか辺りに立ち込めていた異様な臭いは完全に収束していた。

横尾は畳を積んで、颯爽とトラックに乗り込むと、大量の額の汗をタオルで拭いながら、車の中で郵便受けを指さしてつぶやいた。

「あの部屋の郵便受けに、鍵が何個もかかってたでしょ。あれは、亡くなった女性が近所の住人を信用してへんことの現れですわ。唯一あの人形にだけ、女性は話しかけてたんやろうな。そして、毎日あの人形をベビーカーに乗せて、散歩させとったんでしょうね。それにしても、あの人形には、ほんまびっくりしたわ。人が亡くなるのは当たり前のことやけど……あんな集合住宅で、何日も見つからんって、なんでやねんと思うんですわ」

辺りはすっかり日が落ちて、いつしか猫もどこかに行ってしまった。横尾は、トラックのエンジンを吹かしながら、言葉を継いだ。

「この仕事を始めた最初の頃はね、一生に一度くらいは、とんでもないモノが部屋から出てくるやろうなと呑気に思っとったんです。3億円の宝くじとかね。でも、実際出たのは、死体ですわ。山のようなゴミの中に、行方不明になっていた仏さんが埋もれとったんですよ。もちろん、すぐに警察に通報しましたわ。孤独死した人はほんまに生きるか死ぬかの瀬戸際の世界におるねん。もちろん、人の生き方に他人がとやかく言うことはできへん。でも、孤独死の現場と毎日向き合ってると、みんなそろそろ、目を覚まさないかんちゃうかな、考える時期にきてるんちゃうかなって、どうしても思ってしまうんですわ」

横尾は、この女性のように、孤独死になりかねない瀬戸際の人を多く見てきた。孤立していて生きる目的がなく、生活が荒れ、その果てに孤独死する。孤独死する人は、生きることに葛藤を抱えた人が多く、自分の人生はこれで良かったのだろうかと苦悩した痕跡を残す。

そんな人たちに何とか前を向かせることはできないか。横尾は、ずっと「福祉整理」について考え続けている。

生前整理とは、死後に備えた整理だが、そうではなく、生きていくための整理、それを横尾は「福祉整理」と呼んでいる。健康で自立した生活ができるようにするお部屋の片づけ、前を向いていくための整理をしたい。それが横尾の思いだ。

生きづらさを抱えて③　「スーパーマン」横尾の場合

横尾は、大阪府羽曳野《はびきの》市で生まれた。明治乳業を定年まで勤め上げた実直なサラリーマンの父親と、面倒見の良くていつも明るい母親のもと、兄と共に元気に育った。

中学時代からバリバリのスポーツ少年で、高校ではラグビーに明け暮れた。ラグビーは、チームプレイだ。全員で走ってジャンプして、芝生の上で転がって戦う。肉体と肉体がぶつかり合う、そんなところに惹かれた。高校時代には大阪選抜に選ばれ、推薦で本田技研に就職。プロになることを夢見て疑わなかった。昼間はレーンを流れてくる車にニスを塗り、夕方からラグビーに没頭する生活が続いた。

しかし、体が小さかった横尾は、思うような活躍ができずに退社。初めての挫折を味わったが、今度は心機一転、音楽の道に進むことを決意し、東京・銀座のレストランでサックスを吹いて、生計を立てるようになる。

遺品整理の業界に入ろうと思ったきっかけは、横尾が33歳の時に経験した、祖母の孤独死である。祖母は、風呂場で亡くなって丸一日誰も気づかなかった。死因はヒートショックによる溺死だった。昨日まで元気だった祖母が、一瞬でいなくなる。その現実に打ちのめされた。

当時、田舎の葬式は大変だった。葬儀会館がなかったため、長女だった母親は、参列者の料理の準備、葬儀の段取り、そして遺品の整理に追われていた。その後、母親は、疲労がたたって膠原《こうげん》病が悪化し、入院を余儀なくされてしまった。葬儀、片づけ、そのすべてにおいて、女性だけが馬車馬のように働かされる現実に、横尾は違和感だけが残った。

「おばあちゃんが亡くなって、母親は膠原病でしょ。葬儀やなんかをこなせる体力はない。だけど、親父は昭和の親父やから一つも動けへん。おばあちゃんの荷物は多くて、本当に片づけが大変やったんです。バックヤードの女性が一番割を食うんですわ。人一人死んだら、それからがほんま大変や。片づけるのも母親一人では、でけへん。ただ単に家の中の物をぽんと出す仕事じゃなくて、家族に寄り添った整理人が絶対必要になってくるって、確信したんです。今思えば、全部おばあちゃんが導いてくれたんやわ」

横尾は、大手遺品整理会社に転職を決意。そこで輝かしい営業成績を収め、大阪支店長まで上り詰める。

しかし、そこは横尾が夢見ていた遺族に寄り添うような遺品整理の会社ではなかった。お客さんの目の前で、社長に電話をして見積もりを取らされた。電話越しに社長の声を聞いた顧客は、戸惑っていた。まだ、遺品整理という言葉が世に出たばかりの黎明期《れいめい》であり、いくらでも高額な金額をふっかけることができた。

しかし横尾は、逡巡し、苦しんでいた。俺が追い求めたいのは、こんな世界じゃない――。

ある案件が１００万円で成約したことを社長に電話すると、「お前、そんなんやから大阪の売り上げが悪いねん。１５０万円とか２００万円とか、ようやらんのか！」

と怒鳴られた。

たまたまその声を聞いてしまったお客の男性は、驚いた様子で首を振った。

「横尾さん、あんたはええ人や。だけど、そんな会社におったらあかん。あんたには悪いけどキャンセルするわ」

横尾は、泣きながら社長に電話して抗議した。

「俺がいつ会社に迷惑かけたんか。俺が会社を軽視したことなんてないわ。俺は常に胸張って仕事しとるやないか。こんな会社辞めたるわ！」

悔しくて、涙が止まらなかった。必ず自分が目指していた遺品整理を実現してやる。みんなが笑顔になれる、そんな存在に絶対なってみせる。そう決意して、会社に辞表を叩きつけた。

横尾は、会社を辞めるとすぐに、大阪の堺市で遺品整理、特殊清掃業を立ち上げた。２００８年のことである。当時、需要が最も多かったのは、生活保護受給者の部屋の整理だった。

そこで、横尾はすぐに関西一円の地域包括支援センターや、役所の生活保護課、ケースワーカーなどへ飛び込み営業に回った。遺品整理や生前整理でネックとなるのは高額な料金である。そこで、前に働いていた会社の約半額という破格に設定した。生活保護受給者は、介護施設への引っ越しやゴミ屋敷の住人などが多く、片づけが必要な人は山のようにいる。しかし、肝心の予算が切迫している。そのため、横尾の金額はすぐに話題になった。横尾は同時に、リサイクル業にも本格的に乗り出した。部屋の整理の価格を抑え、ユーザーの金銭的負担を減らす代わりに、要らなくなった家電を買い取り、リサイクルに回すことで会社として利益を上げる仕組みを作った。

横尾は、1件当たりの利益は少なくとも、時間をやり繰りすることで、手がける件数を増やすスタイルで、確実に利益を上げていった。

時にはボランティアのような価格で引き受けることもあった。馴染みのケースワーカーに、「横尾さん、頼むわ。予算がなくて困ってるんや」と懇願されると、日にちと時間だけは合わせてもらう条件で、ワンルームの整理をたった8000円で引き受けたという。

――利益出えへんくて、ええやないか。そこで埃一つ落ちてへんくらいの仕事をして、しかも安いとなれば、こいつらすごいなとなって仕事がくるようになる。それでええ。損して得取れや――。

メモリーズは、通常のワンルームの片づけなら5万円を切る。価格破壊と言える設定に戦々恐々としている同業者も多い。会社を立ち上げてから3カ月後には、関西ローカルのテレビ番組で遺品整理が取り上げられた。それをきっかけに規模を拡大し、社員も10人に増えた。

確かに、遺品整理のノウハウは前の会社に教えてもらった。しかし、会社は人の心に寄り添うという最も大切なことを置き去りにしていた。そのことに対する反発が原動力となり、メモリーズは関西で随一の遺品整理、特殊清掃業者として名を馳せるまでになった。

近年増え続ける特殊清掃業者の中には、遺族が慌てふためくことを逆手に取って、ボッタクリのような金額をふっかける業者も多い。横尾はそんな業者に憤る。

――10万円、20万円っていったって、庶民には大金や。特殊清掃で100万円とか取ってどうすんの。お天道様はちゃんと見とるんや。そんな感覚で仕事しとったら絶対あかん。お客さんにはうちと出会って良かったと思って欲しいし、同業者にはうちと相見積もりになったら「うわぁ……」と思わさなあかんのや――。

子供がいる特殊清掃現場

兵庫県神戸市長田区《ながた》――。昔ながらの商店が建ち並ぶアーケード街は、閉め切ったシャッターがやや目立つ以外はまるで昭和の佇まいを残したかのように、ゆるやかでのどかな時間が流れている。

お盆の真っただ中とあってか自転車に乗った中年女性が時折、行き交うくらいで、人通りは少ない。その商店街から一本路地裏に入った場所に、そのマンションは建っていた。

早朝から、数人の男たちが大粒の汗を垂らしながら、慌ただしく、出入りしている。その中に、誰よりもたくましい体つきで現場を指揮する横尾の姿があった。

築50年が近い4階建ての鉄筋コンクリート造りのビルの3階には、エレベーターがないため、階段を上り下りするしかない。階段を往復する度に男たちのハアハアという荒い息遣いが聞こえる。

そんな男たちの様子を、高畑美香（仮名・39歳）と夫の輝明（仮名・41歳）が固唾を呑んで見守っていた。2人の足元には、1人の少年がまとわりついている。

息子の陽太（仮名・9歳）は、阪神タイガースのタオルを首に巻き、半ズボン姿で、いたずらっこらしい目を時折周囲に投げかける。

臭いが充満する特殊清掃の現場に通常、遺族が立ち会うことは稀だ。ましてや、幼い子供がいることなど聞いたことがない。非常に珍しい光景である。しかしながら、美香にとって、このマンションは20歳までを過ごした実家であり、そこの最後の片づけに子供の陽太を連れてくるのは、当然のことであった。

部屋の中は、コンビニの小さなレジ袋などが幾層にも重なり、ズボズボと足が埋もれるほどのゴミが山積していた。

かろうじて頭を見せているこたつの上には、醤油や塩、砂糖、はちみつなどの小瓶が所狭しと並び、左側のタンスの上には大量の衣類が今にも崩れ落ちそうになって立てかけられている。絨毯が敷かれた床には、空になった焼酎の紙パックがいくつも散乱し、プラスチックゴミや、年賀状などが床を覆い尽くすように占拠している。CDラジカセやミシン台がゴミの入ったビニール袋の層からちょこんと、顔を出していた。黒い体液にまみれたこの場所で、母の由紀子（仮名・享年63）はひっそりと息絶えていた。

奥にある鏡台の上には、巨大な赤いハイビスカスをはじめカラフルな造花がかろうじて顔を覗かせ、咲き誇っていた。

2Kの居間のベランダに面した中央部分に、茶色の体液で一部が赤茶けて染まった箇所があった。周囲のモノが黒く変色し、3畳をまたぐようにして、由紀子の重みでそこだけ卵型にぺこりとへこんでいる。絨毯には毛髪と思《おぼ》しき物体がへばりついていた。

ここで、由紀子はゴミの中に埋もれるようにして亡くなっていた。

美香は、物心ついたときから、このマンションで両親と妹と共に過ごし、20歳まで生活していた。

母の由紀子は、もともと地元の病院で准看護師として働いていた。父の経営していた店に飲みに行くようになり、2人は意気投合して結婚。夫婦でスナックを経営するようになる。父が42歳の時に、長女の美香が生まれた。父にとっては遅くしてできた子供ということもあり、両親は美香をとても可愛がった。

地元のお客さんにも愛され、スナック経営は順風満帆だった。しかし、1995年に阪神・淡路大震災が起こったことで生活は激変した。スナックはビルの1階にあったため全壊して、がれきの下敷きになってしまったのだ。

スナックが3階に移って再開してからは、客足がめっきり遠のいてしまい、店を畳まざるを得なくなる。17歳年上の父は、次第に具合が悪くなり、母親も心臓を患っていたため、夫婦は生活保護を受けるようになった。

やがて父親が他界し、数年が経つと、由紀子はある男性とこのマンションで同棲を始めるが、男性もやがては病気で入院することとなり、由紀子は再び一人暮らしへと舞い戻っていったのだった。

　ゴミ屋敷の兆候が見え始めたのは、その男性と離れてからだ。2度も愛する人との別離を経験したつらさが発端になったと、美香は感じている。

　美香が生まれた時から、確かにものは多かった。スナック時代の衣類が棚の上に山積みになっていて、美香が何度注意しても、由紀子はいつか着ると言い張り、ずっとそのままになっている。

　それでも、息子の陽太が4歳の頃までは、一家で実家に帰ることもあった。しかし、次第に大きくなるにしたがって、ゴミ屋敷であることがネックになっていく。美香は、もう、息子を連れて実家に帰るのは無理だと思った。

「ものがいっぱいあって、陽太が色々触り出して、危なかったんです。陽太は目につくものは何でも口に入れるので、実家には帰れなくなった。それ以降は、家じゃなくて、外で会うようにしていました」

　そのうち母から夫の悪口が書かれたメールが送られてくるようになり、次第に疎遠になっていった。

　美香が母と最後のやり取りをしたのは9カ月前だ。

「向こうの両親に何か言われたから、私に何もしないんでしょ」

うつ病を患うようになった由紀子から、被害妄想のようなメールが来て、思わず頭に血が上った。美香は、実の親子のように接してくれる義理の両親が大好きだった。義理の両親の悪口を言うのが許せなかった。

「そんなん言うんやったらいいわ！」

それを最後に、由紀子と連絡を取らずに9カ月が過ぎた。たまたま、マンションの塗装工事に訪れた業者が、窓が何日も開きっぱなしになっていることを不審に思い、警察に通報。亡くなって、10日が経っていた。警察の検死では、死因は不明だったが、部屋にエアコンがついていなかったことから、熱中症によるものではないかと美香は推測している。

由紀子と連絡を取らなかった9カ月が、途方もなく長い時間に感じられた。そこには、由紀子との最後の喧嘩がずっと後を引いていた。

「最近の母を見てなかったというのもあるけど、心情的にあんまり見たくなかったというのもあります。自分でも、まだ頭の中が整理できてないんですよ。まだ母が亡くなったのが信じられなくて、実感がわかないから私こんなにへらへらしていられるんだろうなと思うんです」

美香はそう言って静かに微笑んだ。美香は、警察に遺体の写真を見せられた時でさえ、まだ由紀子が亡くなったことが信じられなかった。

「警察で、臭いとかグロテスクなのが苦手やったら、直接遺体を見るのはやめといたほうがいいと言われたんです。私はそういうのは苦手やし、写真でも『本当にいいんですね？』と念を押されました。火葬場で骨を上げる時も、本当に母なんかなぁと思ったんですよ。なんか悲しいんやけど、まだそこまで実感がないんです。だから最後の母の姿は、写真でしか見てない。今思うと、警察で見た写真には、ちゃんと面影あったな」

美香は、最後に言い争いで終わった母とのわだかまりを、いまだ整理できずにいた。

思い出の品との再会

そんな美香にとって、霊柩車の中で遺体の傍らにいた時が、唯一母の死を実感することができた瞬間だった。あぁ、ここに、この横に母が乗ってるんだなと思うと、少しだけ寂しさがこみ上げてきた。

長女である美香が葬儀の手配に追われる中、夫の輝明は、由紀子の住んでいたマンションを引き払う準備に追われていた。由紀子は孤独死のため、通常の遺品整理の業者ではなく、ホームページで検索した特殊清掃業者4社に見積もりを取った。孤独死の起きた物件は、日にちが経つほど、物件の損傷が激しくなる。

「これだけお部屋の状態が悪いと、オゾンを何日間かけないと無理です。パッカー車に、もうバンバンバンバン、ゴミを詰め込む感じですね」

「あー、ゴミ屋敷ですね。ざっくり100（万円）くらいかな」

確かに見た目は、ゴミ屋敷だ。だけど、美香にとっては長年住んでいた実家である。他の業者に任せてしまうと、ゴミのように思い出が捨てられるような気がして、悲しくて途方に暮れていた。

この時期、メモリーズには特殊清掃の依頼が殺到するため、最初は断られたという。しかし、どうしてもメモリーズに見積もりだけでもお願いしたいと頼み込んだのだった。

横尾は、由紀子のために物件の前で、静かに手を合わせてくれた。金額も26万円と、4社の中で最も安かった。

横尾の故人を思う優しさに心打たれ、夫婦はどんなに時間がかかってもいいから、横尾にお願いしたいと、メモリーズに作業を依頼したのだった。

陽太は部屋の中に入ると、すぐにその独特の臭いを察知して、楽しそうに声を上げて走り回り始めた。

「臭いの光線だ！　臭いの光線が目に入った！　わーいわーい！」

「臭いの光線ってなに？　これは、生活の臭いや。湿気が嫌なんか？」

美香は、少し困った顔をして、陽太をなだめた。

横尾が作業に追われる中、陽太は、部屋の中を興味津々といった様子で無邪気にタタタと走り回っている。横尾はそんな陽太を目を細めながら眺めている。

陽太にとって、由紀子の思い出は、すでにゴミ屋敷となった部屋だった。幼かった陽太は、ヨイショヨイショと言いながら、部屋に上がっていた。しかし、長時間は滞在することができず、おばあちゃんと一緒に近所のコンビニに行って、くじを引かせてもらった。それが、陽太のおばあちゃんの最後の記憶だ。

美香は作業の様子を部屋の外の共用廊下で見守りながら、輝明に話しかけた。

「モノの写真は、ちょっとだけ見て、基本捨てる方向で考えてるから。捨てるっていったら嫌やけど……、処分って言えばいいのかな。処分も嫌やな」

美香は、言葉が見つからずに歯がゆさを感じていた。そんな美香に横尾は、タンスの奥からアルバムの束を見つけ出し、美香に手渡した。

「アルバムが出てきた。これ、お写真ありました」

美香は静かにめくっていく。その1枚にふと手が止まった。若い日の母に、美香は抱きかかえられていた。隣には父がいて、両親のまわりに、笑顔の男女が写っている。美香は幼い頃の思い出を頭の中で手繰り寄せる。

「あっ、これ、私や！　両親とスナックのお客さんやね。両親は、スナックのお客さんたちと凄く仲良くて、私らが小さい頃は夏に花火を見に、兵庫県の田舎に帰っていたんです。これは、私のおばあちゃんちですね。おばあちゃんちは、震災で2階が潰れたんです。私たちが生まれた時から、お客さんと一緒におばあちゃんちによく帰ってたんです。私は父が42歳のとき生まれたので、本当に溺愛されて、どこにでも連れ回されたんですよ」

美香は懐かしそうに、アルバムを覗き込む。なぜだか観光バスが写った写真が多い。そう、夫婦の営んでいたスナックは、地元の住民に家族ぐるみで愛されたお店だった。あの当時、美香は馴染みのお客さんに洋服を山のように買ってもらった記憶があるという。一家は店を休んで、お客さんたちと台湾旅行や国内のバスツアーにも行った。バスから降りる軽快な足取りの男女は、その一瞬を捉えたものらしかった。

美香の頭の中で、在りし日の両親の思い出が鮮明によみがえる。陽太は、そんな美香の追憶のひと時をよそに、鼻をつまむようなポーズを取り、部屋の中で懸命に作業に明け暮れる横尾に興味津々だ。

「なんか、この部屋の臭いにもどんどん慣れてきたわ」

「それは、素晴らしい対応力やな」

横尾はそう言葉を返すと、タンスの奥から出てきたアルバムを陽太に託す。

「これ、ママに持っていってくれる？」

「はーい！　お兄さんに、ママに見せてきてって言われたわ」

陽太は、一目散に美香のもとに駆けていき、美香は横尾が発見してくれたアルバムの写真を1枚ずつめくっていく。

「これは、瀬戸大橋や。母が同僚と慰安旅行した時の写真やわ。こっちは、お母さんの准看護師時代ですね。ナース帽を被ってるわ。昔のナイチンゲールみたいやな。わぁ、ネガも入ってる。これ見たら私、やっぱりお母さんに似とるなぁ。でもこんなん見てたらキリないわ」

美香は、次から次に出てくる思い出の品に、少し困った表情を見せつつも、嬉しそうだ。

「まぁ、目を通すことに意味があるんかなと」

横尾はそんな美香を見て、そう静かにつぶやいた。基本的にお客さんは、業者に片づけを依頼した時点で、捨てられることを覚悟し、すべてを断ち切っている。

——自分たちで片づけでけへんし、しゃあない。業者にも気ぃ使うし、これが欲しい、あれが欲しいなんて言われへん——。

そんな遺族の思いを横尾は痛いほど理解している。確かにここにあるモノをすべて取っておくことはできないから、ゆくゆくはほとんどが廃棄処分になってしまう。しかし、横尾はそれでも、あえて思い出という名のボールを優しく投げかける。もし、キャッチしてもらえたら、さらに続けていくつかボールを投げ続ける。CDやレコードや子供の頃に描いた絵、昔使っていた教科書——。最終的には、ゴミになってしまうそれらのものは、お客さんに見せずに処分することも可能だ。しかし、少しでも目を通して、懐かしいと感じてもらえることが重要なのだ。親の若い頃や、自分の幼い頃はこうやったなと思い返してくれたらそれでいい。そんな1日でいい。それが横尾にとっての遺品整理だ。それは、特殊清掃の現場でも決して揺らぐことはない。

2畳ほどの押し入れの中から、プラスチックケースに入ったタロットカードや、トランプ、茶色く変色した大量のマンガが出てくる。

「これ、お母さんの？」

陽太が美香に尋ねる。

「そうや。これ、『りぼん』の付録についていたタロットカードや。これ、ずっと捨てられなかったなぁ。『金田一少年の事件簿』も『恋愛カタログ』もあるわ。折原みともいっぱい。あぁ、懐かしいなぁ、折原みと。好きだったなぁ」

美香は、まるであのときに帰ったかのように目を潤ませる。

「お母さん、このお弁当箱、覚えてる？」

「覚えてるよ。覚えてないわけがないやん」

毎日学校で使っていたお弁当箱。近所の写真館で撮ってもらった赤い着物を着た七五三の写真、保育園の卒園証書、毎年のクラス会の写真、中学時代の部活の古びた卓球のゼッケン、通知表、勉強机の下に貼っていたセピア色の世界地図、親戚の結婚式の写真のテレフォンカードやカセットテープ。美香が高校時代にマクドナルドでバイトしていたときのバッジ。家賃が直接大家さんに手渡しだった時代の家賃手帳。美香の自動車学校時代の集合写真。これらは横尾がゴミの中から、懸命に手探りで掘り返し、美香に投げたボールだった。美香はその一つひとつを受け止め、目に見えない記憶の足跡をたどりつつあった。それは、奇跡的な時間でもあった。

陽太が、横尾の裾をつつく。

「お母さんにお弁当箱見せたら、覚えてるって」

「そうか」

横尾は、陽太に微笑みながら、汗を垂らし、そのゴミの中に体を預けて懸命に作業を続けていく。

震災前の時がよみがえるへその緒

横尾はタンスの奥から、細長い桐箱を見つけ出した。そこには30枚ほどの着物が入っていた。由紀子はお店で時たま着物を着ていた。着付けが得意で、着物が大好きだった由紀子は、大量の着物を持っていた。たとう紙をめくると、中から黄緑色の美しい着物があらわれた。美香は、その一つを手に取ると、美しさに目を輝かせた。

「わっ、きれいな色！　グリーンだ。母がこの色を持ってるということにびっくりしたわ。紫が好きだったたから」

輝明は、心配そうに声をかける。

「着物、虫食いされてるんちゃうん？」

「そう。それを見てからやねん。見た感じでは大丈夫かな。でもこんだけ大量にあったら、整理するのに何年かかるやろ。これは、おかんからもらったの。この下にあるのは、セットで買ったやつや」

横尾は、和ダンスの奥から、手のひらほどの小さな木箱を見つけ出していた。

「たぶんご姉妹のへその緒だと思います」

「わぁ！　それ、どこから出てきたんですか」

「和ダンスの――」

美香は思わず横尾の言葉をさえぎって興奮した。

「ですよね！」

木箱の裏には、名前とともに、身長51・5センチ、体重３３００キロ、とマジックペンで書かれている。木箱の中の和紙に包まれたへその緒を見て、美香はほほ笑んでいた。

陽太は、そんな美香の様子を気に留めるふうもなく、部屋と廊下を行ったり来たりして走り回っている。陽太は、ふと、焼酎の宣伝用のＡ５判ポスターを見つけて指さした。そして、少し照れ笑いをしながら、目をそらした。

「あれ、裸やで！　恥ずかしいわぁ」

それは、埃をかぶって色褪せた上半身セミヌードの外国人女性であった。夫婦が経営していたスナックに長年貼ってあったもので、由紀子は店を閉めても捨てられずに、いつでも見られるよう、キッチンに貼ったに違いなかった。

キッチンの棚からは、スナック時代に使用していた大きな取り鉢や、焼酎、ブランデーの瓶などが出てくる。客を楽しませるために着ていたピンクや赤などの色とりどりの衣装が、美香の勉強机の上に、斜めに何着もひっかかっている。真珠のネックレス、父親のカフス、プレゼントされた腕時計などの装飾品が横尾の手によって、次々と美香の元に運ばれていく。美香は、その一つひとつにゆっくりと目を落として、選《え》り分ける。由紀子の周りには、父親や、豊かな人々との繋がりを示す品々があった。そして、由紀子は確かに、その思い出に抱かれるかのように、亡くなっていたのだ。

奥の棚に隠れていたのは、チェッカーズの大量のレコードだった。

「お、チェッカーズや」

横尾が声を上げると、足元にいた陽太は嬉しそうにそれを手に取った。

「チェッカーズやわ！」

「知ってんの？」

「うん」

「その歳でチェッカーズ知ってんの、すごいな」

横尾がそう返すと、陽太は自慢げに頷く。

「昔の音楽のＣＤを持ってる子がおるから、その子の家に泊まりに行ったときにあったんや。チェッカーズヘアって昔、流行ったんやて。チェッカーズってさ、長い前髪を学校で禁止されたんやて。懐かしいわぁ」

「すごいな君、当時のこと、知ってるみたいやな。当時生きとったんかいな」

「あははは」

陽太は、優しくて穏やかな横尾のことをすぐに好きになっていた。薄暗く、じめじめした埃っぽい室内に、陽太と横尾の笑い声がこだまする。横尾と陽太の漫才のような会話は、過酷を極める暑さの中で、心を潤す清涼剤だった。

そんな中、ただ１人、夫の輝明だけは心配そうに、作業の様子を見守りながら横尾に話しかけた。

「(体液が) 下まで、染みてました？」

「下までいってるのは、いってましたね。畳の下までいってるかもしれんので、その下を洗わんとダメですね。確かに体液が下に染みて、虫が出やすくなってるけど、特殊清掃という意味では、そこまで何日もかけるほど大変ではないです」

横尾が輝明にそう話すと、輝明はホッとした表情を浮かべた。

「他の業者には、３日ぐらい最先端のオゾンかけっぱなしにしとかなあかん。それからじゃないと臭くて作業できひんと言われたんですけど……」

「あ、ほんまですか。多分、うちの機械と一緒やな。3日間オゾンかけっぱなしにすると、逆にオゾンの機械傷むと思いますよ」

横尾は、自信に満ちた表情で応えた。

必ず俺が消したる

2008年、横尾が遺品整理の会社を立ち上げた当初から、孤独死後の清掃依頼は日に日に増えていった。

横尾が本格的に特殊清掃を手がけるようになったのは、兵庫県宝塚市の、男性が孤独死したワンルームに出合ったことがきっかけだった。凄まじい体液の中に、モノがプカプカと浮いていた。体液が壁や柱などの建材にまで染み込んでいるため、スケルトン状態にしなくてはならず、途方に暮れていた。他の清掃業者は、90万円を見積もりとして出してきていた。この臭いを消したら、自分たちにとっては大きな強みになる。横尾が管理会社に提示した額は、15万円。建物をスケルトンにすることを考えれば、破格である。

「必ず俺が臭い消したる」

そう決意してから、毎日、横尾はその物件に通った。それと同時に、災害復旧などの専門業者に話を聞き、さまざまな薬剤を試した。そして1カ月後、横尾は見事に臭いを消すことに成功した。メモリーズの場合、通常の特殊清掃だと、どんなに高くても20万円を超えることはない。

ボードの下まで体液が染みているケースの場合でも、特殊なコーキング剤を塗り、抑え込むことで、臭いは二度と発生しない。これは、横尾が研究に研究を重ねて独自に編み出した技術だった。80万円、100万円超えは当たり前と言われる特殊清掃の世界に、まさに横尾は革命をもたらしたのだった。

なんで触ったらあかんの？　おばあちゃんやもん！

横尾らによって、ゴミの中に埋もれていたタンスや勉強机などの大物が次々と運び出され、ようやくペルシャ模様のところどころ染みのついた絨毯が露わになる。絨毯の中央に、1・5メートルほどにもなる茶色のまだら模様の染みがうっすらと広がっている。由紀子の体液をたっぷりと吸い込んだ絨毯は、重みをいくぶん増していた。

今まで気にならなかった臭いが一面に立ち込める。

床には砂埃が舞い、押しピンや、釘、綿棒などが無造作に転がっている。美香がアルバムの選別に追われる中で、陽太は、横尾の仕事を手伝いたいという一心で、床に落ちている釘や、ハサミなどを拾っては、横尾にそのつど差し出す。

「ハサミが落ちてる。危ないわ。そこにもクリップある。はい、危なそうなやつ、あげるわ」

「ありがとう」

「あっ、ボールペンや！」

ふと、陽太はゴミに埋もれた黒いボールペンを見つけると、子供ながらに、手を伸ばそうとする。それは、由紀子の黒い体液の染みわたった絨毯のちょうど真ん中に落ちていた。そこら一帯は、蛆などの虫は見当たらないものの、雑菌が繁殖し、感染症などの危険があるかもしれない。

横尾は、そんな陽太に優しく諭した。

「あのね、ここらへんは素手で触らんほうがいいと思うよ」

「なんで触ったらあかんの？　おばあちゃんやから大丈夫やもん！」

陽太は少しうつむいた後、純真なまなざしを上げ、手を止めてそうつぶやいた。

横尾は、ハッとさせられたような表情で陽太を見つめた。

それは、陽太にとっては、ごく当たり前の反応だった。子供のまっすぐさというものは、いつでも横尾に予想もしない気づきを与える。真っ暗でジメジメした室内を心地の良い風だけがスゥッと流れていくように。

横尾が絨毯をめくり上げ、折りたたむと、その下には、長年日光を浴び続けて、すっかり小麦色に変色した、古ぼけた６枚の畳が露わになった。中央の一部分が体液と体重の重みで緩やかに沈んでいて、隕石のクレーターのような輪郭を描いている。その周りに白い体液がうっすらと滴っていた。

畳のきめがそこだけ体液で剥き出しになり、赤茶に変色している。畳の中に由紀子の体液の甘ったるい臭いが、一気に立ち上《のぼ》ってくるのがわかった。

横尾は、いよいよ、特殊清掃に取りかかろうとしていた。

「畳、重みで落ちてますね。ごめんやで。今から、きれいにしてあげるからね」

横尾は優しく声をかけ、「畳、袋に入れよか」と社員に声をかけ、畳を１枚ずつ、慎重に剥がしていく。

畳の下は、正方形の木のボードがつぎはぎになっていて、その隙間にも黒い体液が染み込みその箇所だけ、ベニヤの棘がささくれ立っている。横尾は、プラスチックケースに入った特殊清掃セットの中から、苛性《かせい》ソーダの瓶を取り出した。

膝をつき、念入りに苛性ソーダを体液に吹きかける。そして、スポンジで拭き取り始めた。

その澱んだ色の床面は、まるで撥《は》ねつけるかのように苛性ソーダをはじいていたが、横尾がタワシで磨くに従い、次第に体液と混じり合い、溶け込んでいく。

「最初は、ほこりで撥ねるね。でも、今まさに、戦ってる。効いてる証拠や」

苛性ソーダは、体液の脂を取るという効果がある。人間の身体は酸性なので、逆にアルカリ性の薬剤によって中和するというわけだ。

横尾は、地面からわずか5センチほどまで前屈しては、鼻を近づけ、臭いの度合いを確認していく。畳が剥き出しになった瞬間に立ち上っていた異様な臭いは、次第に落ち着いていった。

横尾がもっとも神経を使う特殊清掃の真っただ中、陽太はそんなことなどお構いなしといった様子で、軽快な足取りで部屋の中に駆け込んでくる。

「わーいわーい！　お母さんに、カルピス買ってもろうたぁ！」

「お、やったな。美味しいやろ、カルピス。ちゃんと飲み飲み。飲まんと暑いから、危ないよ」

横尾は、そんな陽太を追い返すこともなく、ゴシゴシゴシとベニヤをこすり続ける。

「お兄さん、今なにしてんの？」

「お掃除や。汚れちゃってるところのお掃除や。そこらへん危ないで。触ったらあかん。それ、危ないで。やけどするで。この液、危ないねん」

陽太は横尾の言いつけを守って、由紀子の亡くなった箇所を見つめながら、目をぱちくりさせて苛性ソーダのバケツの傍に立っている。

「この液、熱い？」

「熱い。君は、触ってないから大丈夫やけど、ピチョンて、手ぇつけたらやけどするからね」

「なんで？」

「そういう怖い液を使ってるんや。ようけ効くから体にも悪いんねん。めちゃ効くけど体にも大丈夫というのと、めちゃ効くけど体にも悪いというのがあんねん。おっちゃんプロやから、きっついのも使わなあかんねん。わかる？」

「めんどくさいな」

「めんどくさい。うん、その通りや。そうやけど、きれいにしないとお父さん、お母さんが困るんや。この部屋をお借りしてるから、返さなあかんねん。返すときに、きれいにして返さなあかんねん」

横尾は、コーキング剤をバケツの中で混ぜ始める。固まったそれを、苛性ソーダで洗い流した箇所の上に丁寧に塗り重ねていく。これは、横尾が編み出した特殊兵器である。これで臭いを完璧に封じ込めることができるのだ。陽太は、横尾の真横にしゃがみ込み、コーキング剤の中身を指さす。

「その中、何入ってんの？」

「塗料や。君、興味津々やな」

「これも危ないん？」

「こっちは、飲めるくらい安全や」

「えー飲んでいいん。何かそれさ、毒入れてるみたいやね」

毒々しい色の塗料を指さしながら、陽太は、横尾の作業を見つめている。

「僕、もうやることないよー」

「何もしなくていいのよ」

「何もしないのが一番嫌いなの」

「頼もしいな、君は。うちの社員より働き者やな」

「暇やわ。何かしたい。遊びとか、宿題とか、勉強以外がええ」

「勉強はいやか」

「うん」

「そっか。俺もそうやったんや」

ゴミ屋敷で育つ子供

横尾は、子供が大好きだ。横尾には、今でも忘れられない現場がある。それは、自分の娘と同じ小学3年生の少年が住んでいたアパートの片づけの依頼だった。

「おっちゃん、何しにきたん？」

少年は、横尾を見ると、人懐っこそうに話しかけてきた。

その男の子は、ゴミの中で四つん這いになって宿題に目を落としていた。足の指にはうんこが挟まっていた。横尾がトイレの中を見ると、どこかしこもうんこでドロドロにまみれていた。母親はどうしたらいいのかわからないという表情で、途方に暮れていた。少年の足は虫に刺されて、あざだらけになっている。横尾は、その光景を見ると、今にも膝から崩れ落ちて、泣きそうになった。

2Kの部屋の上までゴミ袋が山のように積み重なっていた。そして、母親はそんなゴミの中でただ呆然としている。いつからこうなったのかはわからない。案件を紹介した社会福祉協議会によると、他社の見積もりは50万円だという。

「横尾さん、どうか助けてやってくれや」

依頼をしてきた社会福祉協議会のスタッフは、何とかしたいという切実な顔をしている。早くこの案件から手離れしたいというのがありありと伝わってきた。どんなに安く見積もっても、40～50万円はかかるほどのゴミの量だった。しかし、どう見てもこの親子には支払い能力がない。

――もうこの金、返ってけえへんでもええわ。人助けや。俺にこの現場を見させたら、俺そんなの絶対やってまうやん。俺は福祉整理から始まったんや。おっちゃんが、やったるわ。だから安心して任しとき。

横尾は、月々2万円の5回払いで、10万円でゴミ屋敷の片づけを引き受けることにした。しかし、そのお金ですら、返ってこなくていいと思った。

「坊や、よう、俺と出会ったな。助けたるわ。おっちゃんは、スーパーマンやからな」

横尾は、心の中でそうつぶやき、懸命に部屋のゴミを片づけた。部屋のゴミがすべて撤去されると、みるみるうちに男の子の顔は、明るくなっていった。少年の母親は泣いて喜び、毎月2万円を手に横尾に返しに来た。横尾は、まさに、少年にとってスーパーマンになったのだ。

インターネットなどからの申し込みは、正規の料金を取る。それでも他の業者に比べると圧倒的に安い。しかし、ここ一番というところでは、限りなくボランティアに近い仕事も引き受ける。横尾は、スーパーマンになる。それは、横尾が開業以来掲げてきたポリシーで、決して揺らぐことはない。

——最後は公に尽くしたいんや。いつか「横尾塾」をやりたい。最近の子って、挨拶とかもせえへんし、元気がない。ちゃんと食べてない子も多いな。食生活が不安定な子もいる。鼻垂れ小僧のやんちゃ坊主、っていなくなった。横尾塾ではハートが熱い人間、もっと育てたいな思って——。

横尾は、ゆくゆくは人のため、社会のために尽くしたいと考えている。そして、子供たちのために、子供食堂を開設するのが横尾の密かな夢だ。

さようなら実家

特殊清掃の最後の仕上げとして、横尾は、部屋を閉め切り、壁全体に消臭剤をシュッシュと振りかけていく。あたりは、一気に湿度が高まり、ムシムシしていく。そして、黄色のオゾン脱臭機をセットした。

1時間後、横尾がオゾン脱臭機を取りはずし、窓を開け放つ。しばらくはオゾンのつんとした臭いが支配していたが、そのうち、風が右から左に通るようになり、いつしか部屋中の臭いが全く消えていた。奥の部屋の鼠色の砂壁にふと、美香は触れた。ザラザラとした感触に、懐かしい風景がよみがえってくる。

畳が取り払われた部屋の中は、じめじめとして湿り気があり、汗が噴き出てくる。横尾の手によって、いつしか、由紀子の体液の臭いは完全に消え去っていた。

「臭いはすっきりしたかなという感じですわ。これでしたら大家さんに引き渡しても問題ないと思いますね」

横尾は、美香にそう告げた。美香は、由紀子が亡くなったその場所を言葉もなく、しばらく見つめていたが、ふと、ベランダの窓の外に目を向けた。

かつて駐車場だった場所には、いくつものマンションが聳え立っていた。30年以上の月日を経て、様変わりした景色に美香は思いを馳せた。横尾は、せかす様子もなく、そんな美香をただ見守っている。美香の傍らには夫の輝明が静かに佇んでいる。

「子供の頃はすごく広く感じてたけど、今は狭く感じるわ。この空間にいっぱいモノがあったんやね。モノがあったときのほうが広く感じるね。この風景は子供の頃からずっと見て育ったけど、茶色のマンションはまだ建ってなかった。ずっと駐車場やったし、あのマンションのあったところ、震災の前は家が建ってた。ちょいちょいマンションが建って、年々見通しが悪くなっていったのを子供心に覚えてるわ」

「お母さん、こんなところでよう生活しとったな」

陽太は部屋を見渡すと、美香を見上げてそうつぶやく。

「昔はあれやで。パパもみんなこういうところで……」

横尾はせわしなく動き回る陽太が自分の娘と重なり、思わずパパ、と口から出てしまう。一同に笑いが起こる。

「あっ、間違えたわ。おっちゃんもやで。２ＤＫの狭いアパートに住んでたで」

陽太がすかさず横尾に突っ込む。

「お兄さん、僕のパパじゃないぃ」

「それは失礼しました」

「やっぱりパパじゃないぃ」

執拗な陽太の突っ込みに、苦笑しながら、美香が助け舟を出す。

「今のは完全に陽太の笑いのツボにハマったな。最近の子は広い家に住むのが当たり前ですもんね」

「そうですね」

汗を拭っていた横尾の顔が緩む。陽太は、空っぽになった2畳ほどもある押し入れに体を滑らせ、1人でかくれんぼを楽しんでいる。

「さーて、僕はどこにいるでしょうか？」

「陽太、なんしとんねん。バレてるから。押し入れに入っていくの、めちゃ見えたわ」

そう返した美香だったが、かつては自分もこの押し入れに隠れてドラえもんごっこをして妹と遊んでいた。両親が揃って深夜は店に出ているため、夜の押し入れは、子供たちの格好の遊び場だった。

子供の頃の美香が遊んでいた押し入れは今ガランとしていて、陽太は難なく小さな身体を隠してクスクスと笑っている。押し入れのふすまは、所々破れて茶色の染みになり、かつて美香がボールペンで描いた大きな顔が浮き上がっていた。それは、妹と一緒に描いたものだった。

陽太は押し入れから目にもとまらぬ速さでパッと出ると、勢いをつけてジャンプして、由紀子の亡くなったその場所をぴょんとまたいだ。

「こらっ、陽太！」

美香は、いちおう叱るそぶりを見せるが、本気で怒ってはいない。

「陽太は、幼稚園からやり直しやな。ほんま、生まれた頃から、やんちゃやったもんな。いつでも、動いとかないと死ぬみたいで」

その言葉に横尾はしきりに頷いていた。

「僕と一緒ですね」

陽太は勢いをつけて、またぴょんと飛び跳ね、反対側から、その場所をまたぐ。

もう美香は、陽太に注意しようとはしない。由紀子が亡くなった場所を囲んで、ただただ静謐な時間が流れていた。言葉はいらなかった。

ベランダからは、スッと心地よい風が吹き込んで、右から左へと頬をかすめていく。その風をそこに集ったみんなで感じていた。

ここは確かに、由紀子の亡くなった場所だ。壮絶な死の現場は、決して一面的な感情では割り切れない、淡い感情へと移っていった。

そう、この瞬間にすべてが終わって、そして、また始まる。陽太の天真爛漫な無邪気さは、その始まりを象徴するかのようだった。私は、その瞬間に立ち会えたことで、心の緊張が解かれ、救われた気がした。

こんな笑顔とささやかな希望に溢れる、特殊清掃の現場があったっていい――。心からそう思った。そして、これは、すべて横尾の人柄によって生まれた奇跡的な空間だった。それは、目に見えないはかない時間で、気づいた時には過ぎ去っていく。つかの間だからこそ、とても尊い時間なのだ。この瞬間は、きっと二度とやってこない。だからこそ意味がある。

私たちは、そんな不思議な磁場を感じた。そしてそのことに感謝していた。

美香は、横尾に作業を頼んで良かったと心の底から思った。

「本当に、ありがとうございました」

美香と輝明が深々と頭を下げる。横尾の心の中を、えもいわれぬ喜びが駆け抜けていく。

横尾は、台所のブレーカーを落として、部屋の鍵をかけた。あとは、美香が不動産屋に引き渡したら、この部屋で過ごした親子の歴史はすべて終わる。しばらくしたら、いつかこの部屋にも新しい住人が入ってくるだろう。そして、また新しい人生がスタートする。

美香は、晴れやかな気持ちになっていた。気がつくと、雲が垂れ込めていた空から大粒の雨が降りだしそうだ。

輝明は、由紀子の残した着物とアルバムが入った段ボール箱を車の後部座席に詰め込んでいく。陽太も車の助手席に乗り込む。裁縫の得意な美香は、この着物の布地を使って、バッグや小物などにリメイクしようと考えていた。ゴミ屋敷の中で長年眠っていた由紀子の色とりどりの着物は、美香の身近なモノへと形を変えて、受け継がれていく。

横尾は去り行く一家の車を見送りながら、心の中で陽太に向かってつぶやいた。

——命は、こうやって、繋がっていくんだよ。いつか、このママが、おばあちゃんのように、死んでいくよ。次は私の番やからねって。ママにも、こういう写真がいっぱいあるよ。みんなこうやって、命を繋いでいくんだよ。そうやって、みんな、繋がっていくんだよ——。

そのかけがえのない一瞬のために、横尾は今日もまた一つ、この仕事に全身全霊で臨んだのだった。

おわりに　孤独死に解決策はあるのか

本格的に本書の取材を始めたのは、2018年7月の中旬頃だった。梅雨も明けて、夏の暑さがいよいよ本格化しようという矢先だったのを覚えている。そして、その半年後の2019年1月の北風吹き荒れる快晴の日に、この「おわりに」を書いている。特殊清掃は季節に左右される。冬は特殊清掃人たちがようやく一息つける季節だ。

決して孤独死が冬場に起こりにくいというわけではない。ただ、遺体の腐敗が遅く臭いが発生しにくいため、発見されにくいということにすぎない。この瞬間も、日本の至るところで孤独死は起こっているはずだ。

もうすぐ季節は一巡して、緑たちが芽吹く春がやってくる。そして梅雨の終わりの6月中頃から、特殊清掃業者は仕事に追われて忙しくなる。

私が孤独死の取材を始めてもう4年以上が経った。この4年間で孤独死は減るどころか増えていっているというのが実感だ。それを裏づけるように特殊清掃業者は次々と新規参入し、業界はバブル景気と言わんばかりの活況を呈している。

そもそも、私が特殊清掃の世界に興味を持つことになったのは、友人のカメラマンを通じて大島てる氏と知り合ったことがきっかけだった。

大島てる氏は自身の名前をサイト名にした、事故物件公示サイト「大島てる」を運営している男性だ。

事故物件とは、自殺や殺人、孤独死などが起こり、人が亡くなった部屋のことだ。「大島てる」というサイトを開くと、グーグルマップの日本地図が映し出され、さらにズームアップすると、禍々《まがまが》しい炎マークが無数に燃え盛っているのがわかる。これらは、自殺や殺人、孤独死などがあった場所である。このサイトは、誰でも投稿できる仕組みになっていて、それぞれの炎マークの下には、物件の詳細を書き込む欄がある。そこには、「腐乱死体」や「心理的瑕疵《かし》あり」「引きこもり死体発見」などというおどろおどろしい言葉が並んでいる。ここでいう腐乱死体とは、孤独死だと推測される。周囲の住民には、近所で腐乱死体が見つかったというインパクトが大きすぎて、そう書いてしまったのだろう。

こうした事故物件公示サイトが持てはやされる背景には、孤独死などで人が亡くなった後の事故物件がいかに忌避されているかということがある。

人が亡くなった後の事故物件は忌み嫌われ、住みたくないというわけだ。

私はこの事故物件に不思議な興味を覚え、出版社に企画を持ち込み、大島てる氏の案内のもと、さまざまな事故物件を巡った。江東区のアパートでドア越しに嗅いだ死臭は今でも忘れられない。甘ったるい油のようなその腐臭に、思わず私は後ずさった。

しかし、取材を積み重ねていくうちにわかったのは、数ある事故物件の中では、孤独死の割合が圧倒的に高いということだった。

数々の事故物件を巡った記録は『大島てるが案内人　事故物件めぐりをしてきました』(彩図社)という1冊の本にまとまったが、このときの取材を通じて、事故物件を専門に取り扱う不動産屋や特殊清掃業者とも知り合うことができた。彼らの話から、事故物件のほとんどは自殺でも殺人でもなく、孤独死だろうという私の推測は確信へと変わっていった。

私は、もっとその現状を知りたいと思い、日本社会を取り巻く孤独死の現状と、どうすれば孤独死を防げるのかに迫った本を執筆した。それが2017年に出版した『孤独死大国　予備軍1000万人時代のリアル』(双葉社)である。

同書の取材の中で感じたのは、問題は1人で亡くなることではなく、そのもっと前の段階にあるということだった。私は、静かに日本社会を侵食しつつある孤独死という現象の核心に迫りたいと思うようになった。それには、年間の孤独死者3万人の個々の人生にスポットを当てる必要がある。

特殊清掃という最後の現場に立ち会う仕事を通じて、一人ひとりの人生に触れたいと思った。私の興味は、それまで俯瞰的に捉えていた事故物件から、より個人の物語へと移っていった。清掃人にも、清掃される故人にも、躓きや生きづらさを感じたからだ。

故人らは生前、どのような生活を送っていたのだろう。孤独死にはセルフネグレクトが深く関連しているため、生前の彼らを知るために、ゴミに埋もれて住む人びとの家を何度も訪ねた。

第4章に登場した80歳の女性に話を聞くと、幼少期に母親から極度の虐待を受け、しまいには買い物依存に陥っていた。誰かに承認されたいという欲求から、次から次に高級店で買い物をしていた。宗教に入信しては、出入り禁止になり、道のゴミを集めて回った。

それは、まるで満たされない心の空虚を埋めるような行為であった。子供は3人いるが、彼女に完全に無関心であるということがわかった。なぜ、子供たちと疎遠になってしまったのか、そこに問題があると感じたが、私はまだ深くは突っ込めなかった。女性も聞かれたくなかっただろう。ただ、女性は私のことを温かく迎え終始優しく接してくれた。お茶のお供に、役所の生活保護課でもらったという非常用のビスケットを一緒にかじって食べた。女性の心の空虚は、私の心の空虚と無関係に思えなかった。

２０１９年、孤独死は日本社会にとって、避けて通れない問題となっている。

私は、２０１８年12月に「30～40代がいずれ迎える『大量孤独死』の未来」「30～40代の『孤独死』が全く不思議でない事情」という記事を、日本最大級のビジネスニュースサイト「東洋経済オンライン」に寄稿した。これは、現在日本を侵食しつつある孤独死の現状を不動産屋や特殊清掃の視点から描いたものだったが、トータルで４５０万ＰＶを超えるアクセスを記録した。

ツイッター（２０２３年7月に運営会社が「Ｘ」に改称）で「大量孤独死」という言葉が瞬く間にトレンド入りし、フェイスブックやツイッターなどのＳＮＳは、孤独死の話題で持ちきりになった。

記事が公開されたのは午前中だが、記事をめぐって午後の段階で1万件以上のツイートがあり、いかに若年世代が孤独死を身近に感じているかを露わにするものとなった。

そして、私のアカウントには「孤独死しないためには、どうしたらいいか処方箋を書け」というリプライが殺到した。「いたずらに恐怖を煽《あお》るな」「孤独死の何が悪い！」という不安と反発が入り混じったリプライもあった。しかし、予想外にもツイッターのつぶやきの半数以上が、「これは、将来の自分」という反応だった。孤独死は決して高齢者だけの問題ではなかったのだ。

誰もがこの時代、そしてこの日本で孤立感を抱え、孤独死に怯え、その処方箋を欲しがっていた。

取材を通じて感じたことは、一人ひとりにはそれぞれ誇ることのできる人生があり、そして物語があるということだった。それぞれの生きてきた人生と向き合ったときに、簡単にこうすれば良かったとか、こうすれば孤独死せずに済んだという答えが見つかるものではないのは明白だ。それは人生が偶然の巡り合わせや、思い通りにならない出来事の積み重ねということでもある。

この方法なら孤独死は防げるという解答などないことは、賢明な読者諸氏ならおわかりいただけると思う。運命の歯車が狂い始め、どうしようもなくなった時、果たして私たちに何ができるのか――。

だからこそ私は、彼ら、彼女らの人生を知って欲しいと思った。

とはいえ、実際に孤独死が起こり、死後何カ月も発見されないと、近隣住民にも大きな損害となり、事故物件のレッテルが貼られ、遺族や管理会社に対して多額の費用が請求されるというのも逃れられない現実だ。最善の取り組みが難しく次善となることを承知の上で、孤独死対策になり得る多様な方策を、いくつか書いてみようと思う。前著『孤独死大国』で紹介したものもあるが、それ以降にアップデートされた情報や、新しいサービスや政策にも言及してみた。

ＡＩやＩＴを利用した見守り

日々進化するＡＩなどのハイテクを駆使して、高齢者の見守りに応用しようとする動きが出てきている。

介護施設などで多用されている動体検知カメラは、特異な動きを検知することで、異常を伝えることができる。確かに見守りへの活用には有用な技術だが、常にカメラで監視されるというプライバシーの侵害がネックになっていた。

そこで電気を応用して、見守りにつなげようとしているのが株式会社アイキューフォーメーション（東京都目黒区）が提供している「見守り電気」だ。電力会社には通常1時間遅れで30分ごとの電気量が通知される。

その仕組みを利用して30分ごとに電気使用量をチェックし、設定しておいた電気の使用増加や減少が見られない場合に、ＡＩが自動で検知し、指定された見守り者にメールやＬＩＮＥで通知するというシステムだ。こちらは月々３００円で、初期費用もかからない。さらに電気使用量がベースとなっているので、プライバシーの侵害にもならないというわけだ。安価なため、不動産オーナーや管理会社に人気なのだと、開発者は語る。

スマホを見守りに活用したのがＮＰＯ法人楽市楽画（埼玉県三郷市）の「元気にしTEL?!」だ。これはＡｎｄｒｏｉｄ向けアプリで、スマホにアプリをダウンロードするだけですぐに使用することができるため若者に人気だ。

このアプリは、午前6時、正午、午後6時に安否確認画面が表示され、画面をスワイプするか充電を抜き差しすることで安否確認が終了する。スマホの充電器は、毎日使うものだし、煩わしくない。価格は、設定する日数によって異なっているが、一番安い月額１００円のコースは、若者世代をターゲットにしたものだ。

ＮＰＯ法人エンリッチ（東京都江戸川区）も現役世代の孤独死に着目し、単身者向けに新たなＬＩＮＥの見守りサービスを行っている。同ＮＰＯの代表理事である紺野功氏は、51歳で独身だった、自営業の弟を孤独死で失っている。検死解剖の結果、死因は低体温症で、もう少し早く見つかっていたら助かっていたかもしれないという思いから、無料で運用できる安否確認システムを開発した。

ＬＩＮＥに友達追加して登録するだけで、設定された日時に安否確認のメッセージが届く。「毎日」や「毎週1回」など、見守り間隔や時間の指定も自由度が高い。ＯＫをタップすれば、安否確認が済み、応答がなければ24時間後、さらにその3時間後に再度安否確認のメッセージが届く。それでも応答がない場合は、ＮＰＯの職員が直接本人の携帯に電話する。本人の安否確認が取れなければ、最初に登録した家族や友人などの近親者にＮＰＯの職員が直接電話するというものだ。このサービスはＬＩＮＥをインストールしていれば、誰でも無料で使用できるのが嬉しい。

このようなＡＩやＩＴの登場によって、近い未来にはバイタルサインの停止や、身体の異常をＡＩが感知し、孤独死そのものが物理的に避けられるようになるかもしれない。

郵便局の対面での見守り

地方に住む高齢者にも安心な郵便局は、「みまもりでんわサービス」を行っている。これは、毎日決まった時間に自動音声で、その日の体調に合わせて電話機の1〜3

「1　元気です、2　いつも通りです、3　元気がありません」のいずれかを選択するというものである。

その結果は、家族にメールで届くようになっている。応答がない場合は、1時間以内に再度電話するが、さらに応答がない場合は、それを家族にメールで伝えるというシンプルなものだ。

また、月に1回郵便局員（委託した業者も含む）が定期的に高齢者宅を訪問し、タブレットの入力項目で、生活環境などを確認し、その結果を自治体や家族にメールなどで伝えるというサービスも行っている。

「最近、体調はいかがですか？」「最近、特に日常生活で支障を感じることがありますか？」などの基本項目から、「居室のお掃除・片づけは1週間にどれくらいですか？」「（治療薬がある場合）処方箋どおり規則正しく服薬していますか？」「髪や服装の身だしなみに気をかけていますか？」など、状況に応じて選択可能な項目もある。実際に郵便局員が自宅まで訪問して、会いにいってくれるのは画期的だ。

この郵便局の見守りシステムは、ＣＭを見ると明らかに地方に住む親を心配した子供をターゲットにしたもののようだが、未婚の現役世代や孤立する単身の高齢者にも広げることはできないだろうか。

定期的に変化がないか、やはり直接対面で、自宅を訪問することで見えてくるものはある。この郵便局のサービスは、応用次第では化ける可能性がある。

少子高齢化で、親子関係が希薄になり、無縁社会が押し寄せる今、親子関係に特化せずに、こういった取り組みの裾野を広げる必要がある。家族ではなくとも、セルフネグレクトに陥っていないか、月に1回でも自宅に訪問して変化に気づいてくれる誰かがいれば、確実に孤独死は減る可能性があるからだ。

レンタル家族で無縁者をサポート

第3章に登場した遠藤英樹氏が行っている終活サービスに、サポートをお願いするというのも手だろう。

郵便局の訪問サービスと違うのは、自らが依頼者となり、家族を必ずしもサポート先としていない点だ。実際、遠藤氏のもとには、「家族には迷惑をかけたくない」という思いが強い高齢者や、家族と疎遠だった者が申し込んでくる。

家族でも、他人でもない。いわば民間企業の第三者にサポートを預ける発想だ。

遠藤氏は、全国に60万人いるという引きこもりの問題がこれからの10年で顕在化してくると断言する。年金暮らしの親と同居していた子供たちが、親が亡くなると一気に孤立してしまう。俗にいう8050問題だ。

現在、遠藤氏が支援しているのは、両親W介護で、躁うつを患っている55歳の女性だ。自らが最も支援を必要としていることに気づいていなかった。遠藤氏が依頼者に書いてもらうのは、マイケアプランという用紙だ。

心身の健康や認知症のリスクなど、それぞれの事情に合わせて対応をカスタマイズしていく。葬儀はどうするのか、延命治療は望むかといった、リビングウィルの確認もある。意思を生前に聞き取ることで、一人ひとりに合わせた身じまいの準備を支援していく。

自らの最期、そしてどのような死を迎えたいかを見据えれば、生前の生き方も変わっていくのは確実だ。遠藤氏は、生活不安を抱える人には、月1回自宅を訪問したり、電話で安否確認を取ったりするなどの生活サポートも行っている。家族ほど近くもなく、他人ほど遠くもない。遠藤氏は、この関係を2・5人称の関係と言う。

親族や血縁関係がますます希薄になる世の中において、延命治療の有無も含めた最期の瞬間や、死後のお墓のあれこれなどを、家族ではなく、遠藤氏のような第三者が遂行するサポート業務がいっそう重宝されるようになるのは間違いない。生涯未婚率も増え続ける中、個々人に寄り添った第三者によるエンディングが今後ビジネスとして普及していくのではないだろうか。

行政の取り組み

行政もただ手をこまねいているわけではない。

神奈川県横須賀市は、2017年に新たな緊急通報システムを導入した。これまでは、人がボタン1つで緊急通報できるシステムだったが、自宅で倒れて動けなくなった場合だと手遅れとなるケースもあった。

新しいシステムでは、設置した人感センサーが部屋に動きがないことを察すると、民間の受信センターへ自動的に緊急通報を行うという。必要に応じて、消防局などに連絡がいく仕組みだ。センサーは、外出や在宅も自動判断するということで、外出している場合に誤って通報されることはないという。月々の負担額は200円と低額だ。

東京都中野区も、2019年1月下旬から単身の高齢者に向けて、「中野区あんしんすまいパック」を導入している。

民間賃貸住宅に住む高齢者（2024年3月時点は、単身の住宅確保要配慮者〈高齢者、障害者、低所得者など民間賃貸住宅への入居が困難であり、住宅の確保に特に配慮を要する人〉）へ定期的に電話による安否確認を行い、亡くなった際には遺品整理費用および部屋の原状回復費用を補償（2024年3月時点では上限100万円）するというものだ。初回登録料は1万1000円〜2万2000円、月額利用料は1650円〜3850円となっている。室内ライト点灯の有無を登録先へのメールで知らせるのみなら最安の1650円、状況により現地特派員が駆けつけ安否確認する形ならば、3850円というわけだ（2024年3月現在）。

このパックは、見守りと孤独死した際の事後処理がセットになっているというのが特徴だ。いったん孤独死が起こってしまうと、事後に多大な金額が発生するのは避けて通れない。このような多額の費用を巡って、大家と親族の激しいバトルに発展することもある。亡くなった本人も決して、このような最後を望んではいなかったはずだ。この中野区の取り組みでは、仮に孤独死して親族から相続拒否にあった場合でも、区から原状回復費用が出る。日本では初めての試みとして注目を集めている。

このような行政のサービスは、現在のところ高齢者に限定したものが多いが、孤独死が増える今後は、幅広い世代において急務となるだろう。

支え合いマップ

ご近所のネットワークを見守りに活かそうという動きもある。

支え合いマップとは、住民流福祉総合研究所（埼玉県毛呂山町）の木原孝久所長が編み出したもので、住民の触れ合いや支え合いの実態を聞き取り、住宅地図に人との繋がりを線で結ぶことで、線からあぶれた人、すなわち孤立している人を可視化しようというものだ。

支え合いマップの基礎となる考え方は、「私を見守る人は私が信頼している人」ということだ。民生委員のAさんはBさんのことが気になるが、Bさんが信頼しているのはCさんだけということも考えられる。BさんをCさんに見守ってもらうことで、見守りが成立する。

東日本大震災では多くの要援護者が犠牲になったが、支え合いマップを作ることで、近所の「気になる人」を探し出せることもあり、孤独死防止だけでなく、障がい者や高齢者、乳幼児などの要援護者を災害の時に支える、地域の扶助システムに生かすこともできる。

マップ作りにおいては、プライバシーの問題が壁となる。しかし、出来上がったマップはご近所内で使い、その外には出さないようにするというのがルールとなっている。

支え合いマップ自体は、特別なノウハウを必要とせず、誰でも作ることができるので、興味を持った方は住民流福祉総合研究所のホームページをご覧いただきたい。

セカンド小学校

東京都健康長寿医療センター研究所（板橋区）の調査によると、健康な高齢者であっても、「社会的な孤立」と「閉じこもり」が重なると、どちらも該当しない高齢者に比べ、6年後の死亡率が2・2倍に上昇することがわかっている。また、社会的なつながりが乏しい人は、認知症のリスクが増えるという結果も出ている。

イギリスでは昨今、孤独担当大臣の職が新設されたが（2021年9月に廃止）、海外では、「孤独はタバコを1日15本吸うことに匹敵する」「早死リスクが50パーセント高くなる」とするデータもあるという。

孤独死者数年間約3万人という数字を叩き出した民間のシンクタンクであるニッセイ基礎研究所の前田《まえだ》展弘《のぶひろ》主任研究員は、私の取材に対して、セカンド小学校というユニークなアイデアを教えてくれた。これは、リタイア後の生涯学習などを義務化するというものだ。義務化というところがポイントで、そこに来たら地域の商品券を交付し、来ないと年金を減額するなどの、いわばアメとムチを使うという方法だ。

　定年などで仕事をリタイアした後に、セカンド小学校に入っておくことで、体が悪くなったりしたときに、セカンド小学校で培ったネットワークが生きてくるというわけだ。

　セカンド小学校は、一種の強制力を伴うこともあるし、すぐに実現可能かというと難しい面もあると感じるが、斬新なアイデアの一つだと言えるかもしれない。

孤独死保険

　これだけ増え続ける孤独死に対して、保険会社も続々と名乗りを上げている。

　ある特殊清掃業者によると、これまでの特殊清掃の最高額は７００万円だという。これは、特殊清掃だけでなく、不動産会社がリフォームまで行ったケースだ。孤独死が起こった部屋は、単に人が亡くなったというだけではなく、生前からセルフネグレクトに陥り、ゴミ屋敷化していることが多い。そこでフルリフォームが必要になるケースもある。そうなると一気に金額が跳ね上がるというわけだ。

現に、孤独死が起きると、リフォームを含めた請求が400万円、500万円にもなることは珍しくないという。

下手したら家一軒が建つ金額に匹敵することもあるのだ。ある日、ほとんど接触のない叔父や叔母などの親族が孤独死したために、甥や姪が破産することだって、ありえない話ではなくなっている。この費用を払うのは、通常であれば残された遺族だが、相続拒否されてしまうと、最終的に大家や管理会社の負担になる。特に民間の賃貸住宅の場合は、事故物件のレッテルが貼られ、その後も家賃の値下げを強いられるなど、大家には大きな痛手となる。

そこで孤独死の物件に特化した少額短期保険がいくつも登場している。これは、月々の保険料を支払うことで原状回復費用や、事故後の空室期間、賃料の値下げに対して一定額の保証をするというものだ。

こうした孤独死保険は加速度的に普及しつつある。近所付き合いの有無に関係なく万が一の対策として、保険加入を検討するのも一手だと思う。

御用聞き

今はほとんど死語になってしまった「御用聞き」という言葉が、民間企業による住民サービスの名で復活している。東京都板橋区にある、5分100円からの家事代行サービス業がそれだ。植木を切って欲しい、米を届けて欲しい……地域のちょっとした困りごとに対応しており、2017年からは「片づけられないお部屋」、つまりゴミ屋敷の清掃も受け付けるようになった。他の業者と違うのは、粘り強く住人の心に分け入り、セルフネグレクトに陥ってしまったその人の生きがいを共に探すというところだ。

「片づけられないお部屋は、実際にまだそこに生活者が住んでいるケースが多いんです。そうすると、ご本人は『あぁ、これはダメ』『それは捨てないで』もしくは『全部捨てないで』と、矛盾する感情が入り乱れているのです。片づけたいというよりも、何とかして大切にしたいという気持ちがあるんです」

代表の古市盛久《ふるいちもりひさ》氏はゴミ屋敷にしてしまう人の心についてこう語った。

ゴミ屋敷の強制撤去がたびたび話題になるが、古市氏は、まずは本人に会うことを前提としており、決して勝手に捨てたりはしない。

ポイントは、ゴミの共通項となる「キーアイテム」を探すことだという。古市氏はこれをプロファイリングだと説明する。

たとえば、枯れ枝がゴミの層に埋もれていた部屋では、住人がかつて生け花の先生をしていたことがわかった。そこで、「私たちと一緒に片づけて生け花のスペースを作り、ヘルパーさんを驚かせませんか」と提案したのだという。

「その人にとって手の届く目標が生まれると、優先順位がつくんです。優先順位ができると、生け花のスペースを作るのにこれが邪魔だから捨ててもいいよ、となる。捨てるという意思決定が自分でできるんです。結果的にそれがお片づけに繋がっていく。私たちは目標を設定して、それに向かって共同で作業するというアプローチをしています」

古市氏は、片づけることが目標だと、本人には意味や動機づけが見えないのだと、力説する。

1960年代から1970年代の高度経済成長期をアパレル店員として過ごした60代の女性は、大量の洋服が捨てられず、壁まで衣類の山に隠れていた。インターフォンすら見つからなかったほどである。古市氏たち2名は月2回の頻度で通い、10カ月以上かけて本当に必要な服だけがある部屋に変えた。

極度に環境が変わってしまうと本人のストレスになるため、10割片づけて3割を戻すという作業を行ったのだという。本人のペースを尊重することで阿吽《あうん》の呼吸が生まれ、そろそろ、全部片づけてもいいかなという気持ちになり、最後の難関であった2台の冷蔵庫も9カ月目になって1台を運び出すことに成功したのだそうだ。

この元アパレル店員の女性の部屋の片づけを頼んだのは、彼女の親族である。古市氏の会社に舞い込むゴミ屋敷案件は、実子など親族からの直接依頼も多い。その際、依頼者は「御用聞き」のことを、『お母さん、御用聞きさんよ、話を聞いてくれるお兄さんたちよ』って言って紹介するんですよ」、と古市氏は笑う。処分屋でもなく、片づけ屋でもなく、優しいお兄さんたち——と。

しかし、私は言い得て妙だと感じる。確かに、古市氏たちは今までにない新しい潮流を作り出そうとしているからだ。ゴミ屋敷の住人に関わることなど、これまで誰もが避けてきたのだから。

ゴミ屋敷というと、奇異の目で見られることが多いが、それはその人の人生のほんの一面でしかない。もっと言えば、そこには必ず「大切なメッセージ」が隠されている。私は、これから、「御用聞き」のような取り組みがもっともっと増えるべきだと思う。

孤独死は急速に分断と孤立が進む日本社会の現状を突きつけてくるものであり、コミュニケーションの衰退がもたらした心身への影響の帰結でもある。私たち一人ひとりが問題をネグレクト（放置）しないことが大切なのだということを、御用聞きの活動は教えてくれる。

以上は、孤独死のあくまで実務的な対策だ。

そもそも生きづらさを抱えた人たちは、現状ではこうしたネットワークや仕組みにたどりつきづらい。その前できっと自らを閉ざし、八方ふさがりになって力尽きてしまうのだ。

孤独死の処方箋になり得るさまざまな取り組みを土台からひっくり返すようだが、本当に孤独死の対策が必要な人への最良の取り組みは、結局のところ個人ごとに異なるだけでなく、アプローチが難しいというのが現実的な答えだ。

本書の登場人物には、少なからず変化があった。第１章で勇姿を見せてくれた上東丙唆祥氏は、孤独死の現状を知ってもらおうと、ビデオカメラを回し始めた。現場だけにとどまらず、自らがカメラを手に持ち、原宿や横浜で若者たちに孤独死に関してのインタビューを行っている。また、引きこもりの人々とネットワークを築いて積極的に交流することで、彼らの抱える生きづらさを内面から見つめていくようになった。当分は作品の編集作業にかかりきりということで、私は完成を心待ちにしている。

第2章に登場した塩田卓也氏は、もっちゃんと婚約した。たまにはケンカするらしいが、仲良く生活している。丸々としていた子犬の花子はすっかりと大きく、たくましくなった。塩田氏は年末年始もずっと仕事に明け暮れていて、夏の孤独死に備えてトラックを買い足した。

第3章の山下みゆき氏は、父親の孤独死を反面教師にして、今も孤立した高齢者や若者などの支援や相談業務を無償で続けている。父親の孤独死は彼女の人生を大きく変えたが、彼女のライフワークにもなった。

第4章のおーちゃんの行方は、残念ながら現時点でもまだわかっていない。家族は最悪の事態を覚悟しながらも、一縷《いちる》の望みを捨てないでいる。

第5章の横尾将臣氏は、失われた地域のコミュニティを取り戻し、孤独死をなくしたいという思いから、講演会で日本全国を飛び回るなど、奮闘する日々が続いている。

私たちは、日本を呑み込もうとしている見えない渦の中にいる。その渦に巻き込まれ、もがきながらも、諦めないその姿にこそ、希望がある気がした。

最後に、この本が生まれた不思議ないきさつについて記しておきたい。

前著『孤独死大国』の取材で私が訪れた、60代の千葉県に住む女性の孤独死が発端だった。夏場で、死後1カ月経過していたこともあり、これまで経験した現場の中でも、3本の指に入る壮絶な状態となっていた。

遺品を調べると、『ポーの一族』『王家の紋章』といった少女漫画の名作がたくさん見つかった。そして、息子さんに話を聞くと彼女も生きづらさを抱えており、人生のいくつもの場面で躓いた痕跡があった。私はいくつかの共通点を感じ、彼女を他人のようには思えなくなった。

部屋の冷蔵庫には、散骨について書かれた毎日新聞の記事の切り抜きが貼ってあり、余白に「何かあったら親友が眠る海に散骨して欲しい」という女性の願いが書かれてあった。別居していた夫でも実家の墓でもなく、大好きだった親友が眠る海、と記した彼女のまっすぐな願いに心を打たれた。息子さんは、母の最後の願いを叶えてあげたという。

私は衝動的に、その記事の執筆者である滝野隆浩編集委員に連絡を取った。滝野氏との話の流れで、私が特殊清掃の現場を取材しており、1冊の本にして世に問いたいと相談すると、毎日新聞出版を紹介された。

あの日あの時――たまたま訪れた特殊清掃の現場で、今は亡き彼女と出会わなかったら、この本は生まれていなかったことになる。

これらは死者が繋げてくれた不思議な縁だと感じている。私は本書の取材や執筆に取りかかる中で、このような巡り合わせをいくつも経験した。それらの目に見えない人との縁は、今も私の大切な糧となっている。

生前に出会うことのできなかった愛すべき彼女、そして特殊清掃人たちに感謝を込めて。

菅野　久美子

２０１９年１月

文庫版　おわりに

日本をはじめ世界中を呑み込んだコロナ禍を経て、私たちは再び日々の生活を取り戻しつつある。

周囲を見渡すと、マスクをしている人たちが、ぐんと減ったことにはたと気づく。居酒屋に響くガハハハという笑い声、ぎゅうぎゅう詰めの満員電車で通勤するサラリーマン、街の雑踏を行き交う群衆、赤や黄色のカラフルな衣装に身を包んだ晴れやかな表情の新成人たち、円安効果で押し寄せる外国人観光客の姿――。

何かが弛緩し、喧騒で浮足立つような日本社会。

そんな日常を横目に見ながら、私は今も孤独死の現場に立っている。

単行本『超孤独死社会　特殊清掃の現場をたどる』が世に出たのが、コロナ禍前の2019年3月――。その後、新型コロナウイルス感染症の拡大によって、日本は混沌として先の見えない状態に陥った。

私はその真っ只中を特殊清掃に携わる彼らと共に、駆け抜けたことになる。

特殊清掃を巡る状況は目まぐるしく変化したが、一つだけ変わらない風景がある。

それは、どんなに凄惨な現場でも、特殊清掃業者たちの優秀な仕事ぶりによって、最後には原状回復して元に戻る点だ。

体液でどす黒くなったカーペットをペロリとめくると、くっきりと人の形が染みついた床材が露わになる。しかし、体液のひどい汚れや臭いがこびりついた床も、数日で元通りとなり、ツルツルピカピカの物件の出来上がり。寸分の狂いもない優秀な仕事ぶりは、常に無駄がなく完璧だ。このように特殊清掃業者は何百件と物件を横断し、見事な技術であっという間に何部屋ものワンルームマンションや一戸建てを復元する。

この数年のうちに、物件の復元技術は劇的に進化を遂げた。短時間でより効率的に体液の臭いを消す技術が日々開発されているからだ。こうして「死」は、瞬く間に私たちの社会から隠蔽、抹消される。「死」を振り返る時間もないほどのスピード感によって。

文庫刊行にあたり、単行本に登場した特殊清掃業者を待ち受けたその後の数奇な運命を、簡単に記しておきたい。

世界中が新型コロナウイルスという未知の病原体に怯えていた２０２０年2月、特殊清掃業者は、除菌、消毒という業務に追われるようになった。集団感染者が出たダイヤモンド・プリンセス号での彼らの活躍も記憶に新しいだろう。

特に薬剤の知識が豊富な塩田卓也氏は、コロナ禍初期に学校や病院などの除菌を数多く手がけた。それは身の危険を冒すかもしれない令和版の特攻という名にふさわしい過酷な業務だった。私は現場を共にした彼らから、命を賭して最前線の現場に繰り出すという報告を受け、なす術もなく、無事な帰還を祈ったものだ。

数カ月が経つと、コロナ感染が原因だと思われる孤独死が突如として増え始める。孤独死が発見されると、親族でも立ち入ることができないので、特殊清掃業者が部屋の除菌と最後の後始末も引き受けるようになった。

次に彼らが遭遇したのが、長期間放置された痛ましいほどの孤独死の現場だ。思えば単行本執筆時、私はコロナ禍を予想できなかったが、日本社会にヒタヒタと迫る孤立の足音に危機感を抱いていた。

当時抱いていた懸念は、コロナ禍によってより凄惨なかたちでエスカレートし、むき出しになった。コロナ禍では、人との繋がりを持つ者同士は頻繁にＬＩＮＥや対面などでやり取りする一方で、世間から取り残された人々は孤立し、死後数カ月も遺体が無残に放置されるようになったのだ。日本の抱える「社会的孤立」をより残酷なかたちで浮き彫りにしたのが、まさにコロナ禍だった。

「孤独死の現場が、とても悲惨なことになっています」

ぽつりぽつりと旧知の特殊清掃業者からそんな話を聞くうちに、私自身もコロナ禍の孤独死に立ち会いたいという思いが募っていった。ウイルスに感染することは確かに怖かったが、どうしてもコロナ禍の特殊清掃現場を見ておきたいと考えたからだ。

発令と解除が繰り返される政府の「緊急事態宣言」にいてもたってもいられず、私は彼らと共に孤独死の現場に足を運ぶようになった。

現場に向かう道すがら、時には業者のトラックに拾ってもらった。少しばかり高い助手席から空を眺めた。上空を眺めると、コロナ禍など露知らず、透き通るような青空が広がっていた。

現場に着くと、防毒マスクを着け、防護服を着て、閉め切られた部屋に入る。息もできないほどに密閉した空間。蛆や蝿の大群。先ほどまでの清々しい景色とのギャップ。めまいがするほどの腐臭で息苦しく、呼吸が浅くなる。目の前に広がるごみの山脈。ある時は、そのごみの中に未開封の「アベノマスク」が埋もれているのを目にすることもあった。

コロナ禍で立ち会ったたくさんの死の現場は、日本社会の孤立の実情を嘘偽りなく突きつけた。どこにでもあるワンルームアパートのドアを1枚隔てたその先に広がっていたのは、まさに戦場である。まるで焼け野原のような、悲惨極まりない現場だらけだった。コロナ禍の「3つの密（密閉・密集・密接）を避けましょう」という呼びかけは、孤立しがちな人をさらに孤立状態に追いやり、人との繋がりをも焼き尽くしたのだ。

ボロボロの物件で、「禁酒」と書いた紙をあちこちに貼りながら、ウイスキーの空のボトルの中で朽ち果てたいわゆる勝ち組サラリーマン。今にも崩れそうなほどにごみが天井まで積み上げられた部屋の中で、転倒して命を落とし、長期間発見されなかった80代の女性。一緒に暮らしていた両親を失い、「これからどうやって生きていったらいいのだろう」というメモを残し、熱中症で死亡した精神疾患の女性。足を悪くしたのに誰にも助けを求められず、尿入りペットボトルが大量に置かれた部屋で、ごみにしなだれかかって最期を迎えた元警備員の男性。

蛆がわき体液が染み込んだ現場、現場、現場――。血縁・地縁・社縁といった社会の「縁」から切り離された人々の末路――。コロナ禍の孤独死の現場には、孤立して命を落とした人々の声なき叫びがよりいっそう轟いていた。

時を同じくして、私の周辺でも孤独死が頻発した。２０２１年の夏と冬、編集者の男性が立て続けに二人、孤独死したのだ。どちらも死因は不明だが、コロナ禍の孤独や孤立が彼らの不摂生に拍車を掛けたのは、明らかだった。二人に共通していたのは、離婚後に一人暮らしとなり、健康状態が悪かったことだ。共にまだ50代で、働きざかりだった。

その訃報にショックが冷めやらぬ折、ついに私の近所で孤独死が起きた。けたたましいサイレン音を響かせ、赤色灯を回転させながら、消防車がある家の前に到着した。近所の住民たちが固唾を呑んで見守る中、トトトトトッと3名ほどの隊員が車内から駆け下り、ドアをこじ開けて中に突入した。わずか数分のことだった。私はまずあまりに速い解錠技術に驚かされた。

地域の交番の警察官も現場に駆けつけてきたが、もしかすると遺体を見たのは初めてかもしれない。その苦い表情は、未だに忘れることができない。明らかに「見てはいけないモノを見た時の人間の顔」だったからだ。

地域の住民たちも続々と集まってきたが、警察官は不安げな彼らの問いかけに、「何も答えられない」と首を横に振った。救急車も数分後に到着したが、その担架には誰を乗せることなく無情にもすぐに引き返していった。要するに、救命できる状態ではなかったのだ。

数時間後に訪れたのは、恐らく鑑識だ。遺体を白のビニールシートに包み、担架に乗せて静々と運び出す姿があった。その一部始終に立ち会ったのは恐らく私だけで、他の誰の目にも触れることはなかっただろう。

孤独死の現場に立ち会って10年が経つ。だから長年の勘で孤独死はわかるようになった。事件性があれば、もっと警察は大騒ぎするからだ。

印象的だったのは、消防車の赤色灯の下で行われた近隣住民たちの話し合いだ。近所の高齢者たちは何が起こったのかすぐに事情を察し、肩を落としていた。しかしそれも束の間、皆一様に言葉を交わし始めた。この事態をどう受け止め、どう対処したらいいのかという戸惑いと反省だった。

「緊急連絡網を見直さなくては」「地域の見守りに力を入れよう」「今後、孤独死は防いでいきたいね」

会話はおおよそそんな感じで、温かみに溢れていたように思う。私は少しホッとした。と同時に、どこか寂しくもあった。果たして私たち現役世代が同じような考えをするだろうか、と。

孤独死を防ぐために、人と人との繋がりを取り戻すこと――。

そんな人間らしい考えにたどり着くのは、年老いた彼らの世代が最後かもしれない。

考えてみれば、その現場の出入りを見届けた現役世代は、私一人だった。あとは皆、腰が曲がり顔の皺が刻まれた高齢者だけだ。平日の昼間だったからかもしれないが、マンションも多く建ち並び、テレワークなどで在宅中の現役世代や子育て中の主婦も多い地域である。それなのに、誰も出てこない。

私はわかっていた。関わりたくないのだ。きっと私たちより若い世代は、内心でAIが遺体を検知し、黙々と運び出されるという効率的な社会を望んでいる。

だからこそ高齢者たちのあまりに優しすぎる会話に、何とも言えない感情がこみ上げ、涙がこぼれた。まるでこの時間と空間だけが、オレンジ色の暖かな色彩を帯びていた気がした。時代はあっという間に巡りゆき、人も変わっていく。私はこの去り行く時間がとてつもなく愛おしかった。人の死について、さまざまな人が思いを巡らすこの奇跡的な瞬間こそが、貴重だと感じたからだ。

「誰かの死」は、確かに私たちに何かを投げかけている。それによって私たちの感情が揺さぶられ、この社会の在り様について一瞬でも思いを巡らす。たった一瞬でもいい。その営みだけが小さな希望なのだ。

しかし今後、そのわずかな希望さえも失われた社会を生きていかなければならないのだとしたら――。

老いた彼らがこの世から去った後、私たちは眼下に光る消防車の赤色灯を見ても、家の窓からそっと覗くだけだ。そうして巣穴のような閉ざされた個の世界にとどまるのだ。どこかで起こった「迷惑な死」を、他人事だと感じながら。

そう遠くない将来、人の遺体は機械の生存判定によって粛々と処理されるようになる。そうなると、特殊清掃業者すら必要とされなくなる日が来るかもしれない。

孤独死の現場に今も立ち会い続けるのは、それでも日本の行く末を私自身が見守りたいからだ。日本は、明らかに孤立社会へと舵を切っている。それは、まるでスクラップになる寸前のボロ船のようだ。このボロ船はいったいどこにたどり着くのか。

一つ言えるのは、このボロ船は着実に沈みつつあるということだ。私たちは、まさにその船上で他人事のように孤立社会の成り行きをぼんやり眺めている。けれども、そのボロ船を生かすも殺すも私たち次第なのである。

表層上、私たちの社会は滞りなく回っている。年間孤独死する3万人は、私たちの目に触れることはほぼない。凄惨な現場に立ち会った警察官は、一般市民たちにその現実について語ることなく固く口を閉ざすし、かくして遺体はひっそりと運び出される。

どれほど汚れと臭いがひどくても、事故物件はきれいに生まれ変わり、再生する。

優秀すぎる特殊清掃業者の手によって。どんどん進化する消臭技術によって。わき出る蛆、ゴキブリ、それらをすべて無に帰してしまう。そして一人の人間が生きていた証しを、まるでなかったかのように隠蔽する。

それでも彼らが元通りにした部屋の真っ白な壁紙の下には、物言わぬ暗い深淵が口を開けて待ち受けている。ふとした瞬間に、私にはその深淵が垣間見え、思わず震えてしまう。それは完全消臭できない日本社会の闇を伝えようとしていると言えないだろうか。

先にも記した通り、本書はコロナ禍前に執筆したものではあるが、孤独死の実態は何も変わっていない。いや、むしろひどくなっているのだ。

単行本よりも安価で手に取りやすいサイズにし、この問題にさらに多くの人の目を向けさせたい。文庫化は、そんな思いを抱いた私自身が出版社に掛け合って実現したものだ。コロナ禍の孤独死の現場に立ち会い、より切実に日本社会に対する危機感を抱いたからに他ならない。特殊清掃の現場で感じ取った死者たちの声なき声に、背中を押されたのだ。

そういう意味で、本書はこのボロ船をどうにかしたいという私のあがきなのだ。

「超孤独死社会」というあまりに過酷な現実の前で、それははかない夢物語にすぎないのだろうか。

２０２４年４月

菅野　久美子

本作品は２０１９年３月、小社より単行本として刊行されました。
文庫化に際し、加筆・補整を行いました。
登場する人物の年齢、肩書等は当時のものです。

カバー写真　岩田和美
ブックデザイン　鈴木成一デザイン室
ＤＴＰ　センターメディア

菅野久美子《かんのくみこ》

ノンフィクション作家。大阪芸術大学映像学科卒。出版社の編集者を経て、2005年より現職。主に孤独死や毒親、女性の性などの家族問題をテーマにウェブ媒体や書籍の取材、執筆活動を行っている。著書に『母を捨てる』(プレジデント社)、『生きづらさ時代』『孤独死大国 予備軍1000万人時代のリアル』(ともに双葉社)、『家族遺棄社会 孤立、無縁、放置の果てに。』(KADOKAWA)、『ルポ 女性用風俗』(ちくま書房)など多数。近年は、同名義で漫画原作も手がける。

毎日文庫

超孤独死社会《ちょうこどくししゃかい》 特殊清掃《とくしゅせいそう》の現場《げんば》をたどる

印刷 2024年7月20日
発行 2024年7月30日

著者 菅野久美子《かんのくみこ》
発行人 山本修司
発行所 毎日新聞出版
〒102-0074
東京都千代田区九段南1-6-17 千代田会館5階
営業本部：03(6265)6941
図書編集部：03(6265)6745

ブックデザイン 鈴木成一デザイン室
印刷・製本 中央精版印刷
 ISBN978-4-620-21072-8